생활
명심보감
(明心寶鑑)

A Study of Life Myoungsimbogam

원전 한문의 국문 해석 및
단어 설명과 영문 해석

성해준(成海俊) 지음

신아사

책머리에

이 책 『생활 명심보감』은 우리의 정서 속에 늘 함께 해온 『명심보감』을 이 시대 독자들에게 맞게 축소 편집한 것이다. 이 책에 앞서 나온 『동아시아 명심보감 연구』와 『일본 명심보감의 전래와 수용 연구』에서는 『명심보감』의 연구 시점과 과제를 제시함과 동시에 1368년 중국에서 한국·일본·베트남·서양 등 각국에 전파된 실태와 현재에 이르기까지 각국에 미친 역할과 영향을 개관하였다.

그 중에서 『동아시아 명심보감 연구』에서는 각국에 현존하는 『명심보감』의 저자 문제 및 원본 『명심보감』의 서문·발문을 통한 ① 『명심보감』의 출판 의도와 본문 각 편의 주요 사상의 특징을 분석하였다. 또 ② 『명심보감』의 세계 각국으로의 전파상황 및 각국의 여러 판본 가운데 「청주본」·「명간본」·「청간본」·「화각본」·「초략본」 등의 판본을 조사하여 해제 및 내용의 특징을 정리·분석하여 그 판본의 계통을 분류하였다. 나아가 ③ 동아시아 각국의 유학수용과 『명심보감』 전파의 실태 및 그 영향을 사료(史料)에 근거하여 파악하면서 『명심보감』이 출판된 이후부터 현재에 이르기까지 중국·한국·일본 등의 동아시아 『명심보감』의 연구사를 중심으로 확산과정 및 그 역할을 규명하였다. 마지막으로 ④ 1454년에 간행된 원본 『명심보감』에서 불교와 관련된 내용을 발췌하여 『명심보감』에 담긴 불교사상의 실체를 명확하게 하고, 각국 불자들의 저서에 『명심보감』을 인용한 사상적 특징을 밝혔다.

이와 같이 『명심보감』에 관한 종합적인 연구는 이미 출판된 『동아시아 명심보감 연구』(도서출판 문, 2011)와 일본 사상계와 『명심보감』과의 관계를 밝힌 『일본 명심보감의 전래와 수용 연구』(학고방, 2015)에

맡기고 본 『생활 명심보감』에서는 학술적 차원보다 실생활에 필요한 보다 알기 쉬운 내용을 중심으로 그동안 대학 교양강좌에서 강의한 자료를 정리하였다.

이 책에서는 15주의 대학 교양강좌에 초점을 맞추어 원본 청주본의 총 20편에서 실용적인 내용을 초략(抄略)하여 15편으로 편(篇)과 조(條)를 대폭 줄여 편집하였다. 즉 원본 『명심보감』의 총 20편,

1) 인과응보의 순리와 인간 도리를 논한 제1 계선편(繼善篇) 47조 · 제2 천리편(天理篇) 19조 · 제3 순명편(順命篇) 16조.

2) 자기수양과 생활철학을 논한 제4 효행편(孝行篇) 19조 · 제5 정기편(正己篇) 117조 · 제6 안분편(安分篇) 18조.

3) 인격함양의 이상과 전인교양을 논한 제7 존심편(存心篇) 83조 · 제8 계성편(戒性篇) 15조 · 제9 권학편(勸學篇) 22조 · 제10 훈자편(訓子篇) 17조 · 제11 성심편(省心篇) 255조.

4) 치세(治世)와 치가(治家)의 윤리을 논한 제12 입교편(立教篇) 17조 · 제13 치정편(治政篇) 23조 · 제14 치가편(治家篇) 16조 · 제15 안의편(安義篇) 5조.

5) 기본적 생활윤리를 논한 제16 준례편(遵禮篇) 21조 · 제17 존신편(存信篇) 7조 · 제18 언어편(言語篇) 25조 · 제19 교우편(交友篇) 24조 · 제20 부행편(婦行篇) 8조 중에서 대학의 교양교육에서 젊은이들의 인성에 도움을 주고자 현실생활에 보다 중요하다고 생각되는 내용만을 발췌하였다.

『생활 명심보감』을 구성한 내용은 다음의 15편이다.

제1 선행편(善行篇), 제2 운명편(運命篇), 제3 재물편(財物篇), 제4 안분편(安分篇), 제5 효도편(孝道篇), 제6 학문편(學問篇), 제7 훈자편(訓子篇), 제8 성심편(省心篇), 제9 치정편(治政篇), 제10 치가편(治家篇), 제11 예절편(禮節篇), 제12 지혜편(智慧篇), 제13 수신편(修身篇), 제14 언어편(言語篇), 제15 교우편(交友篇).

그리고 각장의 한문 문장의 한글 및 영어 해석과 필요한 경우에는 추가 설명을 덧붙이고 각장의 마지막 부분에 ▶표시의 해설을 첨가하였다. 그리고 본 서적의 맨 마지막에 일상생활에서 자주 사용되는 사자성어 등을 추가하였다.

이 책이 나오기까지 많은 사람들의 도움이 있었다. 한문교정을 위해 애써주신 부산대학교 한문학과 이성혜 박사님, 영어교정을 위해 수고하여 주신 대구가톨릭대학교 김혜경 박사님께 감사의 마음을 표한다. 또 출판에 도움을 주신 신아사의 노고에도 깊은 위로와 감사의 마음을 전한다. 아무쪼록 이 책이 생활의 지혜와 젊은이들의 인성교양 함양에 조금이나마 도움이 되었으면 한다. 아울러 이 책을 접하는 모든 분들에게 평안의 희망이 샘솟는 복된 삶이 주어지길 염원한다.

2019년 8월 20일

성해준(成海俊) 삼가 씀

목 차

생활 명심보감(明心寶鑑)

『명심보감』에 대한 개요

1 『명심보감』이란 어떤 책인가

『명심보감』의 「명심(明心)」이란 마음을 밝게 한다는 뜻으로 명륜(明倫)·명도(明道)와 같은 의미를 지닌다. 「보감(寶鑑)」이란 보배로운 거울이란 뜻으로 마음의 교본이 된다는 의미이다. 이 서적은 1368년 중국의 범입본(范立本)에 의해 편찬된 선을 권하는 책이다. 그 내용은 유교 도덕을 중심으로 도교·불교가 결합된 삼교합일 사상이 밀접한 관계를 유지하며 인생의 철학과 행동의 규범에서 정치이념에 이르기까지 폭넓은 사상을 담고 있다.

양적으로는 유교사상이 주를 이루면서 도교·불교사상을 나타낸 조목의 순으로 권선·권학·근면·효행·부덕의 권장 등 처세론 또는 인생론을 다양하게 수록하여 인간으로서 지녀야 할 덕목을 논하고 있다. 이러한 『명심보감』의 주안점은 위정자나 민중의 구별 없이 각 신분층의 사람들에게 비도덕적인 행위를 금하고 인간 생활에 있어서의 중요한 선행을 하도록 하는 것이다.

『명심보감』에 담긴 도덕사상을 대표적인 열쇠말로 간단하게 언급하면, ① 천(天) 또는 신(神)의 응보 ② 지족안분 ③ 위정(爲政)을 들 수 있다. 그 중에서도 천 또는 신의 관념을 강조하고 있는 것이 특징이다. 『명심보감』의 천 또는 신의 관념에는 주자학적인 측면에서 천이 주로 리(理, 천리·윤리)로서 현실 세계(자연계·인간계)에 내재하는 것으로 믿는 사고와 중국 고대의 유교와 같이 천을 현실 세계에 외재하는 인격적인 존재라고 믿는 사고가 병존하고 있다. 이 두 부류의 관념 중에서도 『명심보감』의 천은 후자 즉, 천은 명확한 의지를 가지고 인간 행위의 선악에 엄한 상벌과 응보를 내리는 것으로 인간에게 도덕적 행위를 보다 강하게 요구하고 있는 것이 특징이다.

우리나라에서는 1454년 청주에서 처음으로 간행되었다. 이를 그냥 『명심보감』이라 부르기도 하지만 정확하게는 「청주본 『명심보감』」이라 불린다. 그 뒤 오랜 시간이 지나 청주본 『명심보감』을 초략한 판본들이 여러 권 간행되었다. 조선시대 후기인 1800년대 말에 들어와 이 책들 중에는 원래 청주본 『명심보감』에는 존재하지 않던 증보편·효행속편·염의편·권학편을 추가한 판본이 있기도 하고, 또 팔반가(八反歌) 한 편을 더 추가한 증보편도 있다.

주지하는 바와 같이 『명심보감』은 중국·한국·일본·베트남 등 아시아 유교 문화권 국가의 유학자·불교승려·문학자·신도가·국학자·정치가들에게 널리 전파·수용되어 큰 영향을 미쳤다. 또 스페인을 중심으로 서양사회에도 영향을 미친 서적인데 각국의 전파 수용상황을 고찰하면 이하와 같다.[1]

(1) 중국

① 1368년 범입본이 간행한 후 만력(万暦) 15·1587년 『명실록(明實錄)』에 홍무제(洪武帝)의 칙선서로서의 기록이 있다. 또 명대에 사회적 문제가 되었던 사교(邪教)인 백련교(白蓮教)의 대항수단으로 『명심보감』이 사용되기도 하였다. ② 1368년 『명심보감』의 원 편찬자 범입본 이

1) 본 서적의 『명심보감』 해설 관련은 성해준 저 『동아시아 명심보감 연구』(도서출판 문, 2011) 및 『일본 명심보감의 전래와 수용 연구』(학고방, 2016)을 참조하였다.

후 조율(晁瑮, 『寶文堂書目』의 「類書類 下」에 나오는 인물), 명판본의 교정자(校訂者)로 문사(文士) 왕형(王衡), 『명심보감정본(明心寶鑑定本)』의 중정자(重訂者) 장문계(張文啓) 등의 고위 지식인들을 비롯하여 『명심보감』을 우주의 가장 위대한 서적(宇宙之鴻書)이라고 한 심첩돈(沈捷頓), 1596년 『신제두 음석관판 대자명심보감(新提頭音釋官版大字明心寶鑑)』의 간행자인 서림 정계화(書林 鄭繼華), 1905년 청대의 여락천(余樂泉) 등의 지식인이 『명심보감』의 간행에 관련하고 있다. ③ 또 『명심보감』의 내용을 인용한 중국 문학작품으로 『문사교림(文詞教林)』·『태공가교(太公家教)』·『잡초(雜抄)』(일명 『珠玉抄』, 『益智文』, 『隨身寶』)·『진언요결(眞言要訣)』·『신집문사구경초(新集文詞九經鈔)』 등이 있다.

(2) 한국

현재 세계에서 가장 오래된 판본으로 1454년 청주에서 간행된 원본 「청주본(淸州本)」이 있다. 이 판본은 현재 일본에만 존재하는데, 임진왜란·정유재란(1592-1597) 때 일본으로 유출되어 에도시대 하야시 라잔(林羅山), 오제 호안(小瀨甫庵) 등의 저명한 유학자들에게 읽혀졌다. 또 「청주본」 의 유교·불교 도교의 내용 중에 불교사상을 완전히 삭제하고 도교의 내용도 삭제 및 유교화하여 출판된 「초략본」에는 1550년의 율곡 이이의 서문과 발문이 있다. 나아가 ① 1554(甲寅)년 초간 『고사촬요(攷事撮要)[2]에 「청주본」과 함께 「홍성본(洪城本)」의 존재도 기재되어 있다. 이 「홍성본」은 「청주본」 뒤에 간행된 것이라 생각되지만

2) 조선시대의 사대교린을 비롯하여 일상생활에 필수불가결한 일반상식 등을 뽑아 엮은 것으로 1771년 서명제(徐命齊)가 『고사신서(攷事新書)』로 대폭 개정하기에까지 12차례에 걸쳐서 간행되었다.(동국대학교 중앙도서관소장「031 한 17ㄱ 및 031 어 57ㄱ」 어숙권 편찬, 魚叔權撰)

그 출판연대 및 판본의 존재는 미상이다. ② 1564년, 서산대사(休靜, 淸虛, 1520-1604) 편찬의 『삼가귀감(三家龜鑑 : 1564년 편찬한 것이고, 三家는 儒家·道家·禪家이다)』이 『명심보감』의 조문을 인용하고 있다. ③ 조선시대에는 15세 정도에 배우는 서적으로 영조가 『대학』과 『중용』을 60세가 지나서 다시 강론한 것과 같이 정조도 『명심보감』을 왕이 된 후에 반복 강론 하였다. ④ 또 「조선왕실 태교법」으로 『명심보감』이 낭독된 예도 있다. KBS드라마 여인천하, 대장금에서 궁중의 궁녀들의 교양교육으로 강의 되었다. ⑤ 「명의 사신이 본 이순신에서」 '운덕'이라는 명나라의 사신의 「이순신 장군편」에 의하면 15세의 왜군 포로에게 『명심보감』 중 「효행편」을 읽어주었다는 기록이 있다. ⑥ 서울 양재동의 매헌(梅軒) 기념관에 독립투사 매헌 윤봉길(1908-1932) 의사가 동생인 윤남의 선생을 가르쳤다는 친필 『명심보감』이 전시되어 있다. 그리고 충의사(忠義祠 : 충청남도 예산군 덕산면 시량리 산 40-1)에도 윤봉길 의사 친필 『명심보감』이 있다.

그 외 『사소절(士小節)』·『목민심서(牧民心書)』·『기언(記言)』·『격몽요결(擊蒙要訣)』에도 『명심보감』의 내용이 인용되어 있다. 또 『명심보감』을 언급한 이순신 장군과 율곡 이이(李珥) 외에도 필자가 아직 사실관계를 확인 하지 못한 선조를 비롯한 조선시대 명망 있는 지식인(李彦迪·趙光祖·李滉·柳成龍·張顯光·金淨·趙涑·鄭曄·李景奭·鄭逑·李浚慶·宋時烈·李恒老) 등의 『명심보감』 언급이 있다고 한다.

(3) 일본

무로마치 시대의 고잔(五山) 승려출신의 선교사 ① 하비안의 『긴쿠슈(金句集)』 및 고잔 승려인 도요 에이초(東陽英朝)의 『젠린쿠슈(禪林句集)』에 『명심보감』의 내용이 인용되어 있다. 그 후 에도시대의 고잔 출신의 주자학의 시조 ② 후지와라 세이카(藤原惺窩, 1561-1619)의 『슨테쓰로쿠(寸鐵錄)』를 비롯하여 ③ 오제호안(小瀨甫庵, 1564-1640)의 『메이호칸(明意寶鑑)』·『세이요쇼(政要抄)』·『동몽선습』, ④ 하야시 라잔(林羅山, 1583-1657)의 『童蒙抄』, ⑤ 가가번주(加賀藩主)였던 마에다 쓰나노리(前田綱紀, 1643-1724)의 『명심보감』 이해 및 소장. 또 가가번(加賀藩)의 번사(藩士) 아사카 규케이(淺香久敬)의 『쯔레즈레구사 소쇼다이세이(徒然草諸抄大成)』, ⑥ 노마 산치쿠(野間三竹, 1608-1676)의 『호케이간고(北溪含毫)』, ⑦ 아사이 료이(淺井了意, 1612-1691)의 『우키요모노가타리(浮世物語)』·『간닌키(堪忍記)』, ⑧ 가이바라 에케켄(貝原益軒, 1630-1714)의 『와조쿠도지쿤(和俗童子訓)』·『야마토죠쿠쿤(大和俗訓)』, ⑨ 오타 젠사이(太田全齊, 1759-1829)의 저작이고 관정(寬政) 9년의 서(序)를 가진 『겐엔(諺苑)』, ⑩ 1661(寬文 元年)년에 간행된 작자미상의 가나조시(仮名草子) 『지가바치모노가타리(似我蜂物語)』, ⑪ 미야카와 미치사타(宮川道達, 貞亨5년, 1688년 경 사망)의 『군모요겐로쿠 코지(訓蒙要言故事)』, ⑫ 희작자(戲作者)·부세회사(浮世繪師)로 알려져 있는 산토 교덴(山東京傳, 1761-1816)의 『무카시바나시 이나즈마효시(昔話稻妻表紙)』, ⑬ 오타 난포(太田南畝, 1749-1823)의 『난포문고장서목록(南畝文庫藏書目)』(太田南畝全集 제19권, 岩波書店 1989年 p.434) 등에 『명심보감』의 책명과 인용조문이 보인다.

위와 같이 후지와라 세이카·하야시 라잔을 비롯하여 유학자·승려 신도가 등의 저명한 지식인들의 저서에 『명심보감』의 내용이 많이 인용되었다. 또 1626년에는 『명심보감』의 「화각본(和刻本)」도 간행되었다. 「화각본」은 그 후 약 80년간 연이어 재판이 간행되었다.

(4) 베트남

처음 수용된 연대는 정확하지 않지만 유학의 융성과 함께 14세기 경에 중국으로부터 베트남에 『명심보감』이 전래된 것으로 간주된다. 즉 베트남에서도 조선·일본과 함께 『명심보감』의 본가인 중국과 같이 『명심보감』이 유학서로서 사회에 깊이 침투하여 사상계에 큰 영향을 끼쳤다. 그 예로 1574년 명(明)의 ① 엄종간(嚴從簡)의 『수역주자록(殊域周咨錄)』에 베트남판 『명심보감』에 대해 언급하고 있다. 또 베트남의 ② 한문소설 『전기만록(伝寄漫錄)』 가운데 「자허유천조록(子虛遊天曹錄)」이 『명심보감』의 조문을 인용하고 있다. ③ 베트남 판본은 현재 「대만국립중앙도서관」(揚孟徵譯, 越文書名 『밍떰바오지암, Mih－Tam Buu－Giam』, 越南新德書出版, 자료번호 19, 1－8649－095193)[3]과 「프랑스 국립도서관」(『明心寶鑑釋義』)에 소장되어 있다. ④ 1958년 이승만 대통령이 베트남 공식 방문 때 베트남 「공학회」로부터 증정 받은 판본이 성균관에 하사되었다. 또 『월남한남문헌목록제요(越南漢喃文獻目錄提要)』에 의하면 현재 베트남에는 8종의 『명심보감』 판본이 있다. 그 중에 하노이에는 1888년, 1907년, 1924년 판본이 있고, 프랑스 파리에는 1836년, 1888년 중국 근문당(近文堂)에서 간행한 판본 등 3권이 있다.

(5) 서양

뿐만 아니라, 서양의 선교사들에게도 주목되어 깊은 감명과 감탄을 자아내어 ① 1592년에는 동양의 한문 서적 중에서 최초로 서양어

3) 현대 베트남어 번역본이 유학자들 사이에 읽혀지고 있는데, 미국 컬럼비아대학 중국학 전공 시어도어 드 배리 교수가 1960년 사이공 유림을 방문했을 때 현대 베트남어본 「명심보감」을 목격했다고 한다.

로 번역되어, 스페인·독일·프랑스 등의 서양인들에게 동양인의 심성을 이해할 수 있는 근원적인 서적으로 받아들여졌다. ② 그 중에서도 1592년 선교사 코보가 번역한 스페인어 판본이 황제 페리 3세에게 헌납되었다(코보는 스페인어 번역본을 헌상하면서 「이것은 세계에서 처음으로 한문에서 다른 나라 언어로 번역된 책」이라고 하였다). 또 1676년 다른 선교사 나바레떼는 플라톤·바이블·아우구스티누스·토마스 아퀴나스 등을 빈번하게 참고하면서 『명심보감』을 발췌하여(「영혼의 보배로운 거울·마음과 사람의 내면을 계발하여 광명을 주는 보배의 거울」이라고 하는 『Ming Sin Pao Kien』 번역) 마드리드에서 출판했다.

③ 나바레떼는 자신이 번역한 『명심보감』 서문에서 『밍신파오첸(Ming Sin Pao Kien)』은 '고귀한 정신을 가진 마음의 거울' 즉 '빛을 사람의 마음속에 비추어 전하는 귀중한 거울'이라는 의미는 모두 도덕적인 것과 관련되어 있으므로 모든 사람에게 유용할 것으로 믿는다. 이것은 내가 중국에서 읽은 최초의 서적으로 간결·명료하기 때문에 좋아하게 되어 나는 이 작은 책을 번역하게 되었다. 이것은 이교도인 중국인에게 가톨릭 신자의 성스러운 켐피스(Kempis)와 같은 존재라고 하면서 『명심보감』의 존재를 크게 부각시켰다. ④ 또 나바레떼의 『명심보감』 번역본은 『Tratados historicos, politicos ethicos Yreligiosos de la monarquia china』라고 하는 논문집(1676)에 「De la doctrina moral Chinica」라는 제목으로 게재되었다. 이것은 독일의 철학자 라이프 니쯔(Gottfried Wilhelm Leibniz 1646-1716), 프랑스의 외과 의사이자 경제학자 케네(Franois Quesnay, 1694-1774), 프랑스 문학자 보르텔(Voltaire, Fran ois Marie Arouet, 1694-1778) 등 유럽의 저명한 사상가들에게 읽혀졌다. 스페인어가 독일의 철학자 라이프니찌, 프랑스의 경제학자 케네, 문학자 보르텔 등에게 읽혀진 것은 유명하다.

2 왜 『명심보감』을 읽어야 하며, 읽으면 어떤 효과가 있는가

『명심보감』은 다양한 사상을 가지고 여러 계층의 사람들에게 읽혀져 문학·철학·사상·종교 등의 분야에 많은 영향을 끼친 중요한 서적이다. 선인들은 이 책을 항상 곁에 두고 읽으면서 마음을 닦고 밝혀왔다. 이 책에 담겨있는 소중한 가르침들은 시대를 뛰어넘어 바쁘게 살아가는 요즘의 현대인들에게도 많은 도움이 될 것이다. 곧 이 책은 인격함양을 비롯하여 가정을 원만하게 이끌어 나가고, 사회에 참여하며, 국가를 다스리는 문제에 이르기까지 광범위한 위치에서 원칙론을 제시하고 있다. 우리는 이 책을 숙독하고, 책이 던지는 의미를 체득함으로써 몸과 마음을 닦고 뜻을 세우며, 학문을 성취시킬 수 있을 것이다. 나아가 우리의 삶을 풍요롭게 하고, 인생행로를 성공적으로 이끌어 가야겠다는 의지를 배양하게 될 것이다.

현대 정보산업사회는 인류에게 생활의 편리와 경제적 풍요라는 엄청난 혜택을 가져다주고 있다. 그러나 그러한 혜택과 동시에 갖가지 사회 갈등과 모순을 생산해 낸다. 국내적으로만 보아도, 총체적인 인간성 상실에서 기인하는 사회적인 책임과 의무의 불이행, 윤리와 도덕의 상실, 개인우선과 집단이기주의의 팽배 등 많은 문제가 노정되어 있다. 거기에다 좌우(이른바 보수와 진보)의 이념 간의 갈등을 비롯하여 노사 간 갈등, 계층 간 갈등, 세대 간 갈등, 남녀 간 갈등 등으로 인해 사회가 무질서해지고 있다. 최근에는 이와 동반하여 특히 사회지도층 인사로 불리는 국회의원이나 고위공직자들이 비리로 인하여 국민들의 신뢰를 잃는 것은 물론 국민의 준법정신을 극도로 해이하게 만들고 있다. 윗물이 맑아야 아랫물이 맑다는 말처럼 그들이 솔선수범하여 깨끗한 생활로 준법정신을 실천하여야 하는데, 오히려 그들이 갖은 편법과 탈법을 동원하여 의무와 권리에 위배되는 비리에 앞장서고 있는 실정이다.

『명심보감』은 그러한 비양심적이고 비도덕적인 사고를 떨쳐버릴 인생의 철학, 행동의 규범에서 정치이념에 이르기까지 폭넓게 논한 인간존중의 도덕서이다. 이 책은 동양의 지식인들을 중심으로 일반인들에게도 널리 읽혀진 것은 물론이고, 이미 1592년 동양의 한문 서적 중에서 최초로 서양어로 번역되어, 스페인·독일·프랑스 등의 서양인들에게도 인간의 심성을 이해할 수 있는 근원적인 서적으로 받아 들여졌다.

『명심보감』이 동아시아 가운데서도 중국에서 한국으로 다시 일본으로 전파되어 정착되어 가는 과정과 선교사들에게 주목을 받아 이들을 중심으로 서양사회에 전파·수용된 점은 이 책이 동아시아를 넘어 인류 사회 전체에 미친 영향이 매우 크다는 것을 알 수 있다. 그러므로 『명심보감』의 보급과 교육적 활용 및 사상적 이해와 세계적 확대는 복잡다단한 현대를 살아가는 인류에게 삶의 방향제시와 느슨해진 윤리의식을 고취시키는데 큰 역할을 할 것으로 기대한다. 나아가 세계를 이끌 미래 한국의 젊은이들에게 인간은 어떻게 살아가야하며 어떻게 해야 평화로운 세계를 구현할 수 있는가에 대한 지침을 줄 것이라 생각된다.

구체적으로 『명심보감』을 읽으면 다음과 같은 교육적 효과를 거둘 것이다.

① 일상생활의 지침서로서 역할 할 것이다. 곧 타인을 배려하며 학문과 생활이 일치하는 지행합일의 삶을 유도할 것이다.

② 실생활의 인간관계와 바람직한 인간상의 구체적 실천 덕목을

제시하여 선(善)을 중심으로 한 정의와 화합, 소통과 배려에 큰 역할을 하게 될 것이다.

③ 물질만능으로 흐르고, 이타(利他)가 아닌 이기(利己)만을 추구하기 쉬운 현대사회에 인간의 심성을 어루만지고, 안분(安分)의 철학을 제시하게 될 것이다.

④ 정보화로 인해 급변하는 사회에 직면한 젊은 세대에게 인간존중 사상과 확고한 가치관 및 국가관을 확립시키는데 중요한 역할을 하게 될 것이다.

생각할 문제

각 편의 의미

1) 선행편(善行篇)

(1) 선현들이 생각한 선의 의미와 자신이 생각하는 선이란 무엇인가?

(2) 선행을 하는 이유와 선행을 한다면 어떠한 선행을 할 것인가?

2) 운명편(運命篇)

(1) 선현들은 운명을 어떻게 생각했는가?

(2) 운명의 긍정적·부정적 효과는 무엇이며 운명은 바꿀 수 있는가?

3) 재물편(財物篇)

(1) 재물이란 무엇이며 운과 재물은 어떠한 관계가 있다고 생각하는가?

(2) 재물의 긍정적인 측면과 부정적인 측면은 무엇인가?

4) 안분편(安分篇)

(1) 안분지족의 의미는 무엇인가?

(2) 안분의 삶이란 어떠한 것인가?

5) 효도편(孝道篇)

(1) 선현들이 말한 효도는 무엇이며 그 실천행위는 어떠한 것인가?

(2) 자신이 생각하는 효도란 무엇이며 그 실천행위는 어떤 것이 있는가?

6) 학문편(學問篇)

(1) 학문이란 무엇이며 우리는 왜 학문을 해야 하는가?

(2) 선현들의 학문법은 어떠한 것이며 우리의 올바른 학문 태도와 방법은 무엇인가?

쉬어가기

① 공자의 삶과 교육

② 맹자의 삶과 교육

7) 훈자편(訓子篇)

(1) 선현들의 교육방법과 오늘날 교육방법의 차이는 무엇인가?

(2) 가정이나 학교에서의 훈계나 체벌을 어떻게 생각하는가?

8) 성심편(省心篇)

(1) 자성(自省)과 인내로 평안의 본심을 유지하려면 어떠한 노력이 필요한가?

(2) 자신을 되돌아보며 정신적 격노(激怒)와 번뇌를 어떻게 제어해야 하는가?

9) 치정편(治政篇)

(1) 어떤 정치가 좋은 정치이며, 또 나쁜 정치인가?

(2) 정치인은 어떤 덕목을 갖추어야 하는가?

10) 치가편(治家篇)

(1) 가정의 행복을 위한 가장 중요한 요소는 무엇이라고 생각하는가?

(2) 가정의 화목을 위하여 가족 구성원들은 어떤 노력을 해야 하는가?

11) 예절편(禮節篇)

(1) 선현들이 말하는 예절은 무엇이며, 예절은 왜 필요한가?

(2) 자신이 실천하는 생활 예절에는 어떠한 것들이 있는가?

쉬어가기

① 선행의 실천 사례

② 울지마 톤즈, 이태석 신부의 삶

12) 지혜편(智慧篇)

(1) 지혜란 무엇이며 지식과 지혜는 어떻게 다른가?

(2) 삶을 살아가는데 왜 지혜가 필요한가?

13) 수신편(修身篇)

(1) 왜 수신해야 하며 수신의 방법은 무엇인가?

(2) 수신이 지역 사회에 어떠한 영향을 미칠 수 있는가?

14) 언어편(言語篇)

(1) 감동을 주는 고운 말이란 어떤 것인가?

(2) 남에게 상처를 주는 말은 어떤 것이 있는가?

15) 교우편(交友篇)

(1) 친구란 어떤 관계이며 자신은 어떠한 친구를 사귈 것인가?

(2) 자신은 상대에게 어떤 친구라고 생각하는가?

쉬어가기

① 퇴계의 삶과 교육

② 주자의 삶과 교육

1. 선행편(善行篇) 14조

「선행편」은 '착한 일을 많이 하고, 나쁜 일은 하지 말라'는 말로 이루어져 있다. 즉 하늘(天)이 선(善)을 행하는 자에게는 복(福)을, 악(惡)을 행하는 자에게는 재앙(災殃)을 부여한다면서 착한 자에게는 복이 오고 악한 자에게는 화가 미친다(권선징악, 인과응보, 자업자득)는 굳은 신념이 담긴 옛 금언들을 모았다.

1. 하늘은 선한 자에게 복을, 악한 자에게 벌을 준다

공자가 말하였다. "하늘은 착한 일을 하는 사람에게 복을 주고, 악한 일을 하는 사람에게 화를 준다."

子曰, 爲善者, 天報之以福, 爲不善者, 天報之以禍.

子曰(자왈), 爲善者(위선자)는 天報之以福(천보지이복)하고 爲不善者(위불선자)는 天報之以禍(천보지이화)니라.

Heaven rewards the person that does good by making him 'happy' and, heaven gives misfortune to the person who does bad.

- **공자**: 성은 공(孔), 이름은 구(丘), 자는 중니(仲尼)이다. 선대(先代)는 성씨가 자씨(子氏)였는데 5대조가 노(魯)나라로 가면서 공(孔)으

로 성을 삼았다.

- 子: '子'는 남자이름 뒤에 붙이는 미칭접미사인데 여기서는 존칭접미사로 쓰이며, 공자를 일컫는다. '曰'은 '말하다'의 뜻이다.
- 報: 갚을 보. 알릴 보. 報道 報復 報恩
- 福: 복 복 ↔ 禍: 재앙 화. 복과 재앙은 신이 내리는 것이므로 신을 뜻하는 示가 들어 있다.

2. 선은 작아도 행해야 하고, 악은 작아도 행해서는 안 된다

한나라의 소열황제(昭烈皇帝)가 세상을 떠날 때에 후주(後主)에게 조칙을 내려 말하였다. "착한 일은 작다 해도 이를 행하지 않으면 안 되고, 악한 일은 작다 해도 이를 행하여서는 아니 된다."

漢昭烈, 將終, 勅後主曰, 勿以善小而不爲, 勿以惡小而爲之.

漢昭烈(한소열)이 將終(장종)에 勅後主曰(칙후주왈), 勿以善小而不爲(물이선소이불위)하고 勿以惡小而爲之(물이악소이위지)하라.

It is wrong to not do good things when they are trivial. But it is also wrong to do bad things which are trivial.

- 칙서(勅書): 임금이 내리는 문서이다.
- 昭烈皇帝(소열황제): 촉한(蜀漢)의 황제인 유비(劉備)를 말한다.
- 終: 마칠 종. 끝냄. 여기서는 죽다의 뜻이다. 終結 終末 終點
- 昭: 밝을 소. 해가 비쳐 밝다는 뜻이다.
- 烈: 매울 렬. 列과 火가 결합한 형성문자로 불같은 열정이 맵다는 뜻이 있다. 烈女.

3. 항상 선을 생각하면 악은 저절로 멀어진다

장자가 말하였다. "하루라도 착한 일을 생각하지 않으면 여러 악이 모두 저절로 일어난다."

莊子曰, 一日不念善, 諸惡, 皆自起.

莊子曰(장자왈), 一日不念善(일일불념선)이면 諸惡(제악)이 皆自起(개자기)니라.

If you dont't think of good things even for one day, nothing but bad will arise.

- 장자(莊子): 본명은 장주(莊周)로 BC 4세기에 활동한 중국 도가 초기의 가장 중요한 사상가. 중국불교의 발전에도 영향을 주었다.
- 念: 생각 념. 今과 心이 결합한 회의문자로 '지금 내 마음속에 있는 것'이란 뜻이다.
- 莊: 장엄할 장. 草와 壯이 결합한 회의문자로 '풀이 우거져 울창한 모양'이란 뜻이다.

4. 타인의 선을 보면 따라서 하고, 악을 보면 따라하면 안 된다

『성리서』에서 말하였다. "다른 사람의 착함을 보고 자신의 착함을 찾고, 다른 사람의 악함을 보고 자신의 악함을 찾아야 하니, 이와 같이 하면 이로움이 있을 것이다."

性理書云, 見人之善而尋己之善, 見人之惡而尋己之惡,如此, 方是有益.

性理書云(성리서운), 見人之善而尋己之善(견인지선 이심기지선)하고 見人之惡而尋己之惡(견인지악 이심기지악)이니 如此(여차)면 方是有益(방시유익)이니라.

By seeing someone else's good deeds, you can learn good deeds and by seeing someone else's bad behavior, you must find out your false, By doing this, it will surly lead you to goodness.

- 『성리서(性理書)』: 성리(性理)란 천성, 천품으로 본성을 뜻한다. 성리학(性理學)이란 송대(宋代)의 주돈이(周敦頤)·장재(張載)·정이(程頤)·주희(朱熹) 등이 제창한 학설로 하늘이 부여한 것을 명(命)이라 하고, 이를 받아 내게 있는 것을 성(性)이라한다 하였다. 사람의 본성이 선하다 해도 끊임없이 선을 배우고 악을 분별하는 데 힘쓰지 않으면 소용이 없다.[1]
- 尋: 찾을 심, 깊을 심. • 此: 이 차. • 益: 더할 익.

5. 선을 들으면 서둘러 행하고 악은 들으면 귀담지 말아라

태공이 말하였다. "착한 일을 보면 목마른 사람이 급히 물을 찾듯이 서둘러서 하고, 악한 일에 대한 이야기를 들으면 귀머거리인 양 못 들은 척하라." 또 말하였다. "좋은 일은 탐하고, 나쁜 일은 즐기지 마라."

1) 『퇴계가훈』의 「남을 거울로 삼아라」에서 「나의 악한 바를 스스로 깨닫지 못하거든 다른 사람을 보고서 나를 경계하고 남의 악을 보고 나의 선을 깨닫도록 하라. 선한 것과 악한 것을 알지 못하면 어찌 옳은 것과 그른 것을 말할 수 있으랴」라고 하였다. 崔在穆, 『퇴계가 소년들에게 전하고 싶은 말들』, 영남퇴계학 연구원, 2009. p96.

太公曰, 見善如渴, 聞惡如聾. 又曰, 善事, 須貪, 惡事, 莫樂.

太公曰(태공왈), 見善如渴(견선여갈)하고 聞惡如聾(문악여롱)하라. 又曰(우왈), 善事(선사)는 須貪(수탐)하고 惡事(악사)는 莫樂(막락)하라.

Do good deeds hastily as if the thirsty's seeking for warer, also be deaf to bad-mouth. And also said, "Desire earnestly for the good, don't enjoy the bad."

- 太公(태공): 본명은 여상(呂尙). 강태공(姜太公)이라고도 한다. 은(殷)나라를 격파하고 제(齊)나라의 후(侯)로 봉해졌다. 태공망이라는 명칭은 주나라 문왕(文王)이 위수(渭水)에서 낚시질을 하고 있던 여상을 만나 선군(先君)인 태공(太公)이 오랫동안 바라던(望) 어진 인물이라고 여긴 데서 유래했다고 한다.
- **渴**: 목마를 갈. 水와 曷이 결합한 형성문자이다. 渴症 渴望 渴求
- **聾**: 귀먹을 롱. 龍과 耳가 결합한 형성문자이다. 聾啞
- **貪**: 탐할 탐. 今과 貝가 결합한 회의문자로, 지금 또 재물을 탐한다는 뜻이다.

6. 많은 선이라도 부족하고, 조그만 악이라도 남음이 있다

마원이 말하였다. "일생 동안 착한 일을 하여도 착한 일은 오히려 부족하고, 단 하루만 악한 일을 하여도 그 악은 그대로 남아 있다."

馬援曰, 終身行善, 善猶不足, 一日行惡, 惡自有餘.

馬援曰(마원왈), 終身行善(종신행선)이라도 善猶不足(선유부족)이요 一日行惡(일일행악)이라도 惡自有餘(악자유여)니라.

Even though you try to do good all your life, you will never do enough. But if you do bad just one day, it will be with you forever.

- 援: 도울 원. 手와 爰이 결합한 형성문자이다. 援助 救援 援護
- 餘: 남을 여. 食과 余가 결합한 형성문자이다. 먹을 것이 남아 있다는 뜻이다.

7. 내가 남에게 잘 해야 남도 나에게 잘한다

장자가 말하였다. "나에게 잘 해주는 사람에게 나 역시 잘 해야 하고, 나에게 나쁘게 대하는 사람에게도 나는 잘 해야 한다. 내가 남에게 악하게 하지 않았다면 그 사람도 나에게 악하게 대하지 않을 것이다."

莊子曰, 於我善者, 我亦善之, 於我惡者, 我亦善之. 我旣於人, 無惡, 人能於我, 無惡哉.

莊子曰(장자왈), 於我善者(어아선자)도 我亦善之(아역선지)하고 於我惡者(어아악자)도 我亦善之(아역선지)니 我旣於人(아기어인)에 無惡(무악)이면 人能於我(인능어아)에 無惡哉(무악재)인저.

Be kind not only to those that are good to you, but also to those that are bad to you. If you are not bad to others, they will never be bad to you.

- 旣: 이미 기. • 哉: 어조사 재.

8. 선은 봄풀과 같아 자라는 모습이 보이지 않지만 날마다 성장하고, 악은 숫돌과 같아 닳는 모습이 보이지 않지만 날마다 닳아 없어진다

동악성제가 훈계를 내려 말하였다. "하루 착한 일을 하면 복이 비록 금방 나타나지는 아니하나 화가 저절로 멀어질 것이고, 하루 악한 일을 할지라도 화는 비록 금방 나타나지 아니하나 복이 절로 멀어진다. 착한 일을 하는 사람은 봄 동산의 풀과 같아서 그 풀이 자라나는 것이 보이지 않으나 날마다 자라고, 악한 일을 행하는 사람은 칼을 가는 숫돌과 같아서 그 숫돌이 갈리어 닳아 없어지는 것이 보이지 않으나 날이 갈수록 숫돌이 닳아 없어지는 것과 같다."

東岳聖帝垂訓曰, 一日行善, 福雖未至, 禍自遠矣, 一日行惡, 禍雖未至, 福自遠矣. 行善之人, 如春園之草, 不見其長, 日有所增, 行惡之人, 如磨刀之石, 不見其損, 日有所虧.

東岳聖帝垂訓曰(동악성제수훈왈), 一日行善(일일선행)에 福雖未至(복수미지)나 禍自遠矣(화자원의)오 一日行惡(일일행악)에 禍雖未至(화수미지)나 福自遠矣(복자원의)니 行善之人(행선지인)은 如春園之草(여춘원지초)하여 不見其長(불견기장)이라도 日有所增(일유소증)하고 行惡之人(행악지인)은 如磨刀之石(여마도지석)하여 不見其損(불견기손)이라도 日有所虧(일유소휴)이니라.

Everyday good deeds do not guarantee prompt happiness, but recede misfortune spontaneously. Everyday bad deeds do not guarantee prompt misfortune, but recede happiness too. Good deeds, like grasses in the spring, grow up fast invisibly, while bad deeds, like rubbing off of grind stone, grow up invisibly, too.

- 東岳聖帝(동악성제): 동악성제는 도가(道家) 성현의 한사람으로 알려져 있으나 연대와 성명은 미상이다.
- 岳: 큰산 악. • 聖: 성인 성. • 訓: 말씀 훈. • 雖: 비록 수.
- 遠: 멀 원. • 園:동산 원. 公園 農園 園藝
- 增: 더할 증. 割增料金 增加
- 磨: 갈 마. 硏磨 琢磨 • 損: 덜 손. 損失 損害 損傷
- 虧: 이지러질 휴.
- 磨刀之石(마도지석): 칼을 가는 돌. 숫돌.
- 所虧(소휴): 이지러지는 바. 닳아 없어짐.
- 福: 복 복. 신이 복을 내리므로 示가 들어감.

9. 선을 보면 부족한 듯하고 악을 보면 열탕에 닿은 듯하라

공자가 말하였다. "착한 것을 보면 여전히 부족한 것 같이 하고, 착하지 않은 것을 보거든 끓는 물을 더듬는 것과 같이 하라."

子曰, 見善如不及, 見不善如探湯.

子曰(자왈), 見善如不及(견선여불급)하고 見不善如探湯(견불선여탐탕)하라.

Seeing goodness, and striving for it urgently, as if unable to catch up; seeing badness, and recoiling as if scalded by hot water.

- 探: 더듬을 탐. 探究 探險 探索
- 湯: 끓을 탕. 沐浴湯

10. 콩 심은데 콩 나고 팥 심은데 팥 난다

오이 심은 데서 오이 얻고, 콩을 심은 데서 콩을 얻는다. 하늘의 그물이 넓고 넓어서 성긴 것 같아도 새지 아니한다.

種瓜得瓜, 種豆得豆. 天網, 恢恢, 疎而不漏.

種瓜得瓜(종과득과)요 種豆得豆(종두득두)니 天網(천망)이 恢恢(회회)하야 疎而不漏(소이불루)이니라.

If you plant a cucumber seed, you get a cucumber. If you plant a bean, you get a bean. Although heaven's net is a broad one, and though the holes therein are large, you will not fall through.

- 種: 심을 종 • 豆: 콩 두 • 網: 그물 망
- 恢: 넓을 회 • 疎: 성길 소
- 漏: 샐 루. 漏水 漏泄 • 種: 심을 종.
- 天網(천망): 보지 않는 듯해도 하늘이 인간의 행위를 보고 평가하고 있다는 뜻을 그물로 비유하였다. 즉 잘못하면 반드시 벌을 받는다는 뜻이다.

11. 악한 자에게는 하늘이 반드시 벌을 준다

장자가 말하였다. "만약 사람이 나쁜 일을 하여서 세상에 이름을 드러낸 자는 비록 사람들이 그를 해치지 않는다 해도 하늘이 반드시 그를 죽일 것이다."

莊子曰, 若人, 作不善, 得顯名者, 人雖不害, 天必戮之.

莊子曰(장자왈), 若人(약인)이 作不善(작불선)하여 得顯名者(득현명자)는 人雖不害(인수불해)나 天必戮之(천필륙지)니라.

If ill reputed man do bad things, he would not be punished by others. but heaven would surely punish him,

• 莊: 장엄할 장 • 得: 얻을 득 • 顯: 나타날 현 • 雖: 비록 수
• 戮: 죽일 륙. 殺戮 • 作: 지을 작 • 者: 사람 자 • 害: 해칠 해

12. 남의 불행을 동정하고 위급을 도와라

남의 흉한 일을 보면 민망스럽게 여기고, 남의 좋은 일을 보면 즐거워하고, 남의 위급함을 보면 그것을 건져 주고, 남의 위험을 보면 그것을 구해주라.[2]

悶人之凶, 樂人之善, 濟人之急, 救人之危.

---

2) 옛날에 새끼를 잃고 슬픔에 빠진 암사슴이 있었다. 숲 속에서 길 잃은 늑대 새끼를 보자 젖을 먹였다. 때마침 지나가던 스님이 이 광경을 보고 크게 놀라며 충고했다. "아니, 저렇게 어리석을 수가 있나! 넌 지금 누구에게 젖을 먹이고 있느냐? 그렇게 한다고 해서 늑대들이 고마워할 줄 아느냐? 그러기는커녕 나중에 자라 널 해칠 것이다!" 그러나 암사슴은 이렇게 대꾸했다. "그럴지도 모르지요. 하지만 그런 일은 생각하고 싶지 않아요. 지금 저는 어미로서의 일을 하고 있을 뿐입니다." 이와 같이 선행이란 대단한 일이 아니다. 눈앞에 쓰러진 이가 있으면 일으켜 주고 배고픈 이가 있으면 조금이라도 나누는 것이다. 남의 어려움을 내 것처럼 느끼는 데서 선과 덕은 비롯된다(인간 본선에서 우러나오는 선행, 불교 태상감응편 참조).

憫人之凶(민인지흉)하고 樂人之善(낙인지선)하며 濟人之急(제인지급)하고 救人之危(구인지위)니라.

Feel sorry for other's misfortune, Take delight for other's fortune. Save others for their crises, help others for their dangers.

- 憫: 번민할 민 • 凶: 흉할 흉 • 濟: 건널 제

13. 베풀었거든 후회 말고 보답도 바라지 마라

은혜를 베풀었거든 그 보답을 바라지 말고, 남에게 주었거든 후회하지 말라.

施恩, 勿求報, 與人, 勿追悔.

施恩(시은)이어든 勿求報(물구보)하고 與人(여인)이어든 勿追悔(물추회)하라.

Show mercy, don't expect reward. Give, don't regret.

- 施: 베풀 시 • 忠: 충성 충 • 宣: 베풀 선
- 公: 여러 공 • 恩: 은혜 은
- 報: 갚을 보, 알릴 보. 報償 報恩 報道 速報
- 追: 좇을 추. 追跡 追越 追憶
- 悔: 뉘우칠 회. 後悔 悔恨
- 追悔: 후회함

14. 남을 해치고자 하면 자신이 먼저 당한다

태공이 말하였다. "남을 알려고 하면 모름지기 먼저 자기 자신을 알아야 한다. 남을 해치는 말은 오히려 자기 자신을 해치는 것이니 피를 머금어 남에게 뿜으면 먼저 자신의 입이 더러워진다."[3]

太公曰, 欲量他人, 先須自量. 傷人之語, 還是自傷, 含血噴人, 先汚其口.

太公曰(태공왈), 欲量他人(욕량타인)컨댄 先須自量(선수자량)하라. 傷人之語(상인지어)는 還是自傷(환시자상)이니 含血噴人(함혈분인)이면 先汚其口(선오기구)니라.

If you want to know others, do know yourself first. If you want to criticize others, you would be the target afterwards. The bitter reproach causes nasty words and dirty mouth.

- 欲: 하고자할 욕 • 量: 헤아릴 량 • 他: 다를 타 • 須: 모름지기 수
- 傷: 상할 상 • 還: 돌아올 환 • 忿: 성낼 분 • 汚: 더러울 오
- 還是自傷(환시자상): 도리어 자신을 상하게 함
- 噴: 뿜을 분 • 憤: 성낼 분

3) 늙은 사자가 병이 나서 눕자 모든 동물들이 문병을 왔는데 여우만은 모습을 보이지 않았다. 늑대는 이때다 싶어 사자에게 여우를 헐뜯고 병문안도 오지 않을 거라고 장담했다. 이제 막 들어서던 여우는 늑대의 말을 엿듣고는 사자 앞에 나서서 거듭 용서를 빌며 말했다. "저는 세상에 이름난 의사들을 모두 수소문해 당신의 병을 고치는 방법을 알아냈습니다. 제가 늦은 것도 이 때문입니다." 여우의 말에 흐뭇해진 사자가 채근을 하자 여우는 엄숙하게 말했다. "늑대의 생가죽을 벗겨 식기 전에 아픈 곳에 바르면 됩니다." 그 말이 떨어지기 무섭게 늑대는 가죽 없는 송장이 되고 말았다. 여우는 그 광경을 지켜보며 "남에게 고자질해서 악의를 품게 하는 자는 마땅히 벌을 받아야 한다."라고 말하였다고 한다.

▶ 인간은 천명(天命)을 깨닫고 거기에 순응하지 않으면 안 된다는 것을 논하고 있다. 사람의 길흉화복도 마음의 옳고 그름과 행위의 선악에 관계된 것이다. 이는 인간 스스로의 선악 행동에 따라 그 결과가 동반되는 것으로, 음덕양보·인과응보의 도교적 적선법이 반영된 당시 유교나 불교를 숭상하는 사람들의 권선사상과도 일치한다.

기독교에서도 악을 본받지 말라고 하며 악을 징계하고 있다. "사랑하는 자여 악한 것을 본받지 말고 선한 것을 본받으라. 선을 행하는 자는 하나님께 속하고 악을 행하는 자는 하나님을 뵈옵지 못하였느니라(요한3 2:11)" "아침마다 내가 이 땅의 모든 악인(惡人)을 멸하리니 죄악(罪惡)을 행하는 자는 여호와의 성에서 다 끊어지리로다(시 101:8)"

여기에는 인간이 선을 행하여야 하고 악을 피해야 하는 것으로 인간사회에 질서와 신뢰를 가져다주며 안심하고 생활할 수 있는 용기와 지혜를 준다는 것이 강조되어 있다. 또 끊임없이 착한 행실을 이어가야하는 가르침 속에는 심지어 나에게 악을 행하는 자에게도 선으로 교화시켜야 한다(於我善之, 我亦善之, 於我惡者, 我亦善之 「繼善篇」 8條)고 하고 있다.

선과 악은 무엇이 먼저냐를 따지고 가리기보다 우선 선을 행하고 악은 행하지 않는 것이 중요하다. 즉 선행과 악행에 작다는 것은 없으며 아무리 작은 것이라도 선행은 선행이고, 악행은 악행(勿以惡小而爲之, 勿以善小以不爲. 「계선편」 10조)이라는 것이다. 그러므로 모든 일에 악을 삼가고 선을 행하여야 한다. 원래 흔들리기 쉬운 것이 인간의 마음(人心朝夕變, 山色古今同.『推句』)이기 때문에 자신의 생각대로 판단하지 말고 남을 의식하고 배려하며 남에게 도움이 되는 진실된 착한 마음을 가지는 것과 올바른 도덕적 생활을 추구하는 것이 중요하다. 진실하고 착한 마음과 행실을 습관이 되게 하여 마음에서 악이 일어나는 것을 미연에 방지하는 것이 복이 된다는 옛말을 되새겨야 할 것이다.

2. 운명편(運命篇) 9조

운명편은 인간의 생사가 명(命)에 있고 부귀가 하늘에 있으니 분수에 맞게 살 것을 강조하면서 인간은 '천(天)'의 섭리(攝理)인 이미 정해진 운명에 순응하지 않으면 안 된다는 것을 말하고 있다(사생유명, 부귀재천). 여기에서는 앞 선행편을 이어받아 절대자에 의해 만들어진 도에 순응하는 것이 올바른 도리이며 인간의 올바르지 못한 도리에는 반드시 천(天)의 강한 응보가 있다는 것을 암시하고 있다. 인간의 선악행위에 대한 무거운 책임을 각성시킨 것은 때로는 오만하기 쉬운 한 인간으로 천명 앞에서 두려움으로 자신의 도덕적 책임감을 다해야 한다는 것이다.

1. 재난은 요행으로 피할 수 없고 복은 재차 구할 수 없다

『경행록』에서 말하였다. "재난은 요행으로 피할 수 없고, 복은 다시 구할 수 없다."

景行錄云, 禍不可倖免, 福不可再求.

景行錄云(경행록운), 禍不可倖免(화불가행면)이요 福不可再求(복불가재구)니라.

We can not confidently avoid misfortune by luck alone, and we can not confidently regain good fortune twice.

• 禍: 재앙 화 • 倖: 요행 행 • 免: 면할 면. 減免 免稅
• 錄: 기록할 록. 記錄 錄音 登錄
• 福: 복 복. 신이 복을 내리므로 示가 들어감.

2. 운이 좋으면 일이 순조롭지만 운이 나쁘면 일을 그르친다

운이 좋아 좋은 때가 오면 바람이 일어나 등왕각(滕王閣)으로 보내 주지만, 운이 따르지 않으면 천복비(薦福碑)에도 벼락이 떨어진다.

時來風送滕王閣, 運退雷轟薦福碑.

時來風送滕王閣(시래풍송등왕각)이요 運退雷轟薦福碑(운퇴뢰굉천복비)라.

When you are in the lucky times, the wind blows you to Deng Wong Pavilion, but if you are in unlucky times, the thunder will strike the Chien Fu stone marker on the Mt. Chien Fu..

• 滕: 베낄 등 • 轟: 칠 굉 • 碑: 비석 비
• 滕王閣(등왕각): 중국 남창(南昌)에 있는 누각이다. 당나라 때 도독(都督: 지방장관)인 염백서(閻伯嶼)가 남창의 강가에 등왕각을 세우고 낙성연(落成宴)을 연 자리에서 그의 사위에게 서문(序文)을 짓게 하여 사위자랑을 하려고 했다. 이때 왕발은 동정호 부근에 있었는데 남창과의 거리가 700리나 되었다. 등왕각의 낙성식은 9월 9일인데, 7일 밤 왕발의 꿈에 백발노인이 나타나 등왕각 낙성연에 참석하여 서문을 지으라는 것이었다. 왕발이 꿈에서 깨어 도저히 있을 수 없는 일이라고 생각했지만 꿈이 너무도 생생하여 가보기로 하였다. 마침 순풍이 불어 하루만에 700 리를 달려서 8일 밤 남창에 도착했고, 다음날 낙성연에 참가하여 뛰어난 서문을 썼다. 왕발이

쓴 서문은 사위의 글자랑을 하려 했던 염백서를 무색케 했으며, 후세 사람들에게 회자(膾炙)되었다. 특히 당시 왕발의 나이가 14세여서 더욱 사람들을 놀라게 했다. 왕발은 참으로 대단한 행운이 따라 주었다고 볼 수 있다.

- 薦福碑(천복비): 송나라 때 가난한 서생 서조(西朝)라는 사람이 있었다. 그 지방의 세력가인 토후(土后) 한 사람이 서조를 불러 천복산에 있는 명필 구양순(歐陽詢)이 쓴 천복비의 비문을 탁본해 오면 많은 보수를 주겠다고 하였다. 서조는 희망에 부풀어 천복사를 향했다. 그러나 천복산에 도착한 날 밤 벼락이 그 비석을 때려 산산조각이 났다. 따라서 가난한 서생 서조의 희망도 산산이 부서졌다. 참으로 운이 나쁜 사람이라 하겠다.

3. 운명은 정해져 있다

열자가 말하였다. "어리석고 귀먹고 고질이 있고 벙어리여도 집은 큰 부자이고, 지혜롭고 총명해도 오히려 가난하다. 운명은 해와 달과 날과 시간이 정해져 있으니 따지고 보면 빈부는 사람 때문이 아니라 하늘의 뜻에 달려 있다."

列子曰, 痴聾痼啞, 家豪富, 智慧聰明, 却受貧. 年月日時, 該載定, 算來由命不由人.

列子曰(열자왈), 痴聾痼啞(치롱고아)도 家豪富(가호부)요 智慧聰明(지혜총명)도 却受貧(각수빈)이라. 年月日時(연월일시)가 該載定(해재정)하니 算來由命不由人(산래유명불유인)이니라.

The homes of the foolish, deaf, diseased, and the dumb may be wealthy, while the homes of the wise and the bright may be poor. Everyone has his appointed year, month, day and hour. It is thus clear that wealth and fame or poverty are not dependent on the will of the people, but are rather dependent on the will of heaven.

- 列子(열자): 전국시대 정나라 사람.
- 聾: 귀먹을 롱 • 痼: 고질 고 • 啞: 벙어리 아 • 豪: 호걸 호
- 慧: 밝을 혜 • 聰: 귀밝을 총 • 該: 모두 해, 그 해.
- 載: 해 재, 실을 재 • 貧: 가난할 빈
- 定: 정할 정. 宀과 疋가 결합한 글자로 집에 들어와 발을 뻗으므로 쉴 자리를 정했다는 뜻이다.
- 算(산): 점을 치는 대가지. 여기서는 헤아려 본다는 뜻이다.

4. 인명과 부귀는 하늘에 달려 있다

자하가 말하였다. "죽고 사는 것은 운명이고, 부귀는 하늘에 달려 있다."

子夏曰, 死生有命, 富貴在天.

子夏曰(자하왈), 死生(사생)이 有命(유명)이요 富貴在天(부귀재천)이니라.

Life and death depend on fate, and riches and glory depend on heaven.

- 子夏(자하): 중국 춘추 시대의 유학자(B.C.507-?B.C.420)로 공자의 제자 십철(十哲) 중의 한 사람이다. 위나라 문후(文侯)의 스승으로 시와 예(禮)에 능통하였다.

5. 구차하게 재물을 탐내지 말라

『예기』「곡례』편에 이런 말이 있다. "재물을 보고 구차하게 얻으려고 해서는 안 되고, 어려운 일에 처했을 때 구차하게 피하려고 해서는 안 된다."

曲禮曰, 臨財毋苟得, 臨難毋苟免.

曲禮曰(곡례왈), 臨財毋苟得(임재무구득)이요, 臨難毋苟免(임난무구면)이니라.

You should not attain wealth ignobly, and also you should not avoid hardships unjustly.

- 毋: 말 무 • 苟: 진실로 구

6. 재앙은 요행으로 피할 수 없다

『경행록』에 이런 말이 있다. "닥쳐오는 재앙은 요행으로 피할 수가 없고, 복을 놓치면 다시 구해도 구할 수 없다."

景行錄云, 禍不可倖免, 福不可再求.

景行錄云(경행록운), 禍不可倖免(화불가행면)이요 福不可再求(복불가재구)니라.

You can not avoid misfortune by chance, also you can not regain missed happiness.

- 倖: 요행 행

7. 명예와 비난은 함께 온다

『경행록』에 이런 말이 있다. "사랑이 심하면 허비도 심하고, 칭찬이 많으면 헐뜯음도 많다. 매우 기뻐하면 반드시 근심하게 되고, 뇌물을 많이 받으면 반드시 크게 망한다."

景行錄云, 甚愛必甚費, 甚譽必甚毁, 甚喜必甚優, 甚臟必甚亡.

景行錄云(경행록운), 甚愛必甚費(심애필심비)요 甚譽必甚毁(심예필심훼)니라. 甚喜必甚優(심희필심우)요 甚臟必甚亡(심장필심망)이니라.

Too much love calls for too much waste, too much honor calls for too much calumny. Too much happiness calls for too much anxiety, too much bribes calls for beggary and damage.

• 甚: 심할 심 • 譽: 기릴 예 • 毁: 헐 훼 • 臟: 오장 장

8. 부귀는 남과 함께 누려라

공자가 말하였다. "높은 자리에 있으면서도 자신을 낮출 줄 아는 사람에게 어떤 사람이 그와 부귀를 함께 하지 않겠느냐?"

子曰, 身居富貴而能下人者, 何人而不與富貴.

子曰(자왈), 身居富貴而能下人者(신거부귀 이능하인자)는 何人而不與富貴(하인이불여부귀)니라.

If the man with wealth and power be willing to let down himself, wealth and power promise him forever.

- 居: 있을 거 • 何: 어찌 하 • 與: 줄 여

9. 너그러운 사람에게 복이 온다

모든 일에 관대하면 많은 복을 받는다.

萬事從寬, 其福自厚.

萬事從寬(만사종관)이면 其福自厚(기복자후)니라.

Generosity in everything promises man's happiness.

- 萬: 일만 만 • 福: 복 복 • 厚: 두터울 후
- 寬: 너그러울 관. 寬容 寬厚
- 從寬: 너그러움을 따름. 너그럽게 처리함
- 福: 복 복. 신이 복을 내리므로 示가 들어감
- 從: 따를 종. 간다는 뜻의 彳(갈 척)이 들어감

▶ 「운명편」에서는 주로 절대자에 의해 만들어진 도에 순응하는 것이 올바른 도리이며, 인간의 올바르지 못한 도리에는 반드시 천(天)의 응보가 있다는 것을 자각하게 한다.[1] 인간이 무거운 책임과 죄의식을 각성하는 것은 한 인간존재로서 자기 자신을 미미한 존재로 낮추고 동시에 천명 앞에서 두려움으로 자신의 도덕적 의무감을 다해야 한다는 것이다.

기독교에서도 천의 강한 관념의 응보를 나타낸다. "공의(公義)로 허리띠를 삼고 성실로 몸의 띠를 삼아, 입술의 기운으로 악인(惡人)을 멸하리니(slay) 여호와를 사랑하는 너희여 악(惡)을 미워하라. 저가 그 성도의 영혼을 보전하사 악인의 손에서 건지시느니(시 97:10)" 전통적으로 윤회를 부정하는 기독교에서는 인과응보에 의한 육도전생에 관심을 가지지 않았는데, 최근 기독교문화권인 구미에서 과학적인 방법과 실증을 토대로 윤회전생에 대한 많은 연구가 진행되고 있다. 미국의 버지니아대학 심리학연구실의 이안스티븐슨 박사가 1962년부터 1965년까지 조사한 내용 중에 1961년 7월 인도 동북부의 우타르푸라데시州 카나우지市에서 태어난 아이의 전생이야기의 실화를 기록한 '샹카의 전생'에 대한 이야기가 있다.[2] 샹카는 전생기억 중에 죽음에 대한 특별한 기억을 가지고 있다. 억울한 죽음이 마음 깊은 곳에 그대로 간직되었으므로 몸은 바꾸어 태어났지만 그 의식은 전생을 더듬고 있었던 것이다.[3]

---

1) 그 외에도 다음과 같은 내용이 있다. 景行錄云, 凡不可著力, 處便是命也. 會不如命, 知不如福. 會不如命, 知不如福. 子曰, 知命之人, 見利不動, 臨死不怨. 子曰, 知命之人, 見利不動, 臨死不怨. 得一日, 過一日, 得一時, 過一時. 得一日, 過一日, 得一時, 過一時. 緊行慢行, 前程只有許多路. 緊行慢行, 前程只有許多路. 一飮一擢, 事皆前定. 一飮一擢, 事皆前定.

2) 『일타큰스님의 윤회와 인과응보 이야기』, 효림, 1995. p.134.

3) 성해준 저 「동아시아 명심보감 연구」, 도서출판 문, 2011. p.407.

3. 재물편(財物篇) 13조

매사에 재물이나 지위를 필요 이상으로 무리하게 탐내면 마음과 정신이 상하고 자신이 추해지니 항상 자신의 분수에 맞게 처신하고 구하는 생활을 논하고 있다.

1. 재물이 많으며 몸을 망치기 쉽다

노자가 말하였다. "욕심이 많으면 정신을 상하게 되고, 재물이 많으면 몸을 더럽힌다."

老子曰, 慾多傷神, 財多累身.

老子曰(노자왈), 慾多傷神(욕다상신)하고 財多累身(재다누신)하니라.

Too much greed loses one's mind, and too much wealth makes man dirty own's body.

• 慾: 욕심 욕 • 傷: 상처 상 • 累: 묶을 누

2. 재물을 너무 밝히면 소인이 된다

덕이 재물을 이기면 군자가 되고, 재물이 덕을 이기면 소인이 된다.

德勝財, 爲君子, 財勝德, 爲小人.

德勝財(덕승재)이면 爲君子(위군자)요 財勝德(재승덕)은 爲小人(위소인)이니라.

If virtue prevails wealth to man, he will be a gentleman, and wealth prevails virtue, he will be an average man.

- 勝 : 이길 승

3. 혼인함에 재물을 논하면 오랑캐다

문중자가 말하였다. "혼인을 하면서 재물을 논하는 것은 오랑캐나 하는 일이다."

文中子曰, 婚娶而論財, 夷虜之道也.

文中子曰(문중자왈), 婚娶而論財(혼취이론재)는 夷虜之道也(이로지도야)니라.

People who marry for money should be called barbarians.

- 婚 : 혼인할 혼 • 娶 : 장가들 취
- 夷 : 오랑캐 이 • 虜 : 밥그릇 로

4. 재물은 허물을 짓게 한다

소광이 말하였다. "어질면서 재물이 많으면 그의 뜻을 손상시키고, 어리석으면서 재물이 많으면 허물을 보태게 된다."

疏廣曰, 賢而多財卽損其志, 愚而多財卽益其過.

疏廣曰(소광왈), 賢而多財卽損其志(현이다재즉손기지)하고 愚而多財卽益其過(우이다재즉익기과)니라.

Good-natured man with much wealth is apt to ruin his mind, and stupid man with much wealth is apt to add his faults.

• 疏: 트일 소 • 賢: 어질 현 • 財: 재물 재
• 損: 덜 손 • 益: 더할 익

5. 훌륭한 장사꾼은 밑져도 판다

순자가 말하였다. "훌륭한 농부는 가뭄이 들었다 하여 농사를 그만두지 않고, 훌륭한 상인은 손해를 본다 하여 장사를 그만 두지 않으며, 선비와 군자는 가난하다 하여 학문을 게을리 하지 않는다.

荀子云, 良農, 不爲水旱不耕, 良賈, 不爲折閱不市, 士君子, 不爲貧, 窮怠乎道.

荀子云(순자운), 良農(양농)은 不爲水旱不耕(부위수한불경)하고 良賈(양가)는 不爲折閱不市(불위절열불시)하며 士君子(사군자)는 不爲貧

(불위빈) 窮怠乎道(궁태호도)니라.

The great farmer keeps farming even having drought, and excellent merchant doesn't stop even having some loss, and the gentleman doesn't neglect his study even though being poor.

- 賈: 장사 고 • 閱: 검열할 열
- 窮: 다할 궁 • 怠: 게으름 태

6. 작은 이익을 챙기려다 큰일을 그르친다(소탐대실)

공자가 말하였다. "빨리 하고자 하지 말며, 작은 이익을 살피지 말아야 한다. 속히 하고자 하면 제대로 하지 못하고, 작은 이익을 살피면 큰일을 이루지 못한다."

子曰, 無欲速, 無見小利, 欲速卽不達, 見小利卽大事不成.

子曰(자왈), 無欲速(무욕속)하며 無見小利(무견소리)니 欲速卽不達(욕속즉불달)이요 見小利卽大事不成(견소리즉대사불성)이니라.

You should not be impatient for the result, neither for little profits. Haste makes waste, and little profits miss good achievement.

- 速: 빠를 속 • 欲: 하고자할 욕 • 達: 통달할 달

7. 집안을 일으킬 사람은 물건을 아낀다

집안을 일으킬 자식은 거름을 금처럼 아끼고, 집안을 망칠 자식은 금을 거름처럼 사용한다.

成家之兒, 惜糞如金, 敗家之兒, 用金如糞.

成家之兒(성가지아)는 惜糞如金(석분여금)하고 敗家之兒(패가지아)는 用金如糞(용금여분)이니라.

The mam reviving his family is frugal of dung as if gold, the man spoiling his family waste gold as if dung.

- 惜: 아낄 석 • 糞: 똥 분

8. 티끌모아 태산, 천리 길도 한 걸음부터

순자가 말하였다. "천릿길은 반걸음이 모여서 이루어지고, 큰 강물은 작은 시내들이 모여서 이루어진다."

荀子曰, 不積蹞步無以至千里, 不積小流無以成江.

荀子曰(순자왈), 不積蹞步(부적규보)면 無以至千里(무이지천리)요 不積小流(부적소류)면 無以成江(무이성강)하나니라.

A long distance is made up of half a step and the big river is made up of small creek.

• 跬: 반걸음 규, 반걸음 • 積: 쌓을 적

9. 생활에 여유가 있으면 자신감이 생긴다

생활이 어려우면 지혜가 짧아지고, 복이 이르면 자신감이 생긴다.[1]

人貧智短, 福至心靈.

人貧智短(인빈지단)하고 福至心靈(복지심령)이니라.

Poverty diminish wisdom, happiness encourages confidence.

• 貧: 가난할 빈 • 智: 슬기 지 • 靈: 신령 령

10. 세상의 인심은 야박하다

사람의 의리는 모두 가난함을 따라서 끊어지고, 세상의 인정은 돈이 있는 집을 향해 기운다.

人義, 盡從貧處斷, 世情, 便向有錢家.

人義(인의)는 盡從貧處斷(진종빈처단)이요 世情(세정)은 便向有錢家(편향유전가)니라.

---

1) 생활이 어려우면 교제의 범위가 넓지 못하여 지혜를 발휘할 기회도 적지만, 복이 이르러 생활에 여유가 생기면 활력이 넘쳐 매사에 자신감이 생기기 마련이다.

The poverty diminish the sense of loyalty, human heart bounds for the rich.

• 盡: 다될 진 • 處: 곳 처 • 錢: 돈 전

11. 가난하면 서럽다

가난하면 사람의 왕래가 많은 시장에 살아도 서로 아는 사람이 없고, 부유하면 깊은 산 속에 살아도 먼 친척이 찾아온다.

貧居鬧市無相識, 富住深山有遠親.

貧居鬧市無相識(빈거요시무상식)이요, 富住深山有遠親(부주심산유원친)이니라.

Poverty invites less people in the urban life, and wealth invites lots of people in rural life.

• 鬧: 시끄러울 료 • 遠: 멀 원 • 親: 친할 친

12. 가난하면 남을 원망하기 쉽다

공자가 말하였다. "가난하면서 남을 원망하지 않기는 어렵고, 부유하고서 교만하지 않기는 쉽다."

子曰, 貧而無怨, 難, 富而無驕, 易.

子曰(자왈), 貧而無怨(빈이무원)은 難(난)하고 富而無驕(부이무교)는 易(이)니라.

It is difficult not to blame others in poverty, and it is easy not to be haughty in richness.

• 怨: 원망할 원 • 難: 어려울 난 • 驕: 교만할 교

13. 자식 길러 보아야 부모 은혜 알고, 출세해 보아야 남 고생 안다

자식을 길러 보아야만 부모님의 은혜를 알 수 있고, 출세를 해보아야만 남의 고생을 알 수 있다.

養子, 方知父母恩, 立身, 方知人辛苦.

養子(양자)라야 方知父母恩(방지부모은)하고 立身(입신)이라야 方知人辛苦(방지인신고)니라.

Raising children makes you think of your parent's mercy, success in the world awaken you the other's hardships.

• 恩: 은혜 은 • 辛: 매울 신 • 苦: 쓸 고

▶ 사람은 백 살까지 사는 사람이 없으나 공연히 천년의 계획을 세운다(人無百歲人, 枉作千年計. 省心篇 54條)는 말처럼 욕심을 조금만 줄여도 근심이 크게 덜어질 것이지만 그 이치를 깨닫기가 쉽지 않다. 옛날에 꿀벌들이 자기들의 나약한 존재가 불만스러워 신에게 간청했다고 한다. 작은 몸집을 준만큼 사람을 찔러 죽일 만한 무기도 함께 줘야 공평하지 않겠느냐고. 이런 꿀벌들의 생각이 괘씸해 신은 침을 주되 고통도 함께 주기로 했다. 사람을 한 번 쏘고 나면 꿀벌도 침을 잃고 생명을 잃도록 한 것이다. 과욕에는 치명적인 결과가 따른다는 것이다.

영국 속담에 '어리석은 사람은 물을 퍼내고, 현명한 사람은 고기를 잡는다'는 말이 있다. 세상 이치를 바로 알고 올바른 지혜와 그릇된 지혜를 잘 분간해서 행해야 한다는 말이다. 자기 이익에 빠져서 눈이 어둡게 되면 자신과 사회를 위한 더 큰 이익이 보이지 않는 법이다.

『탈무드』에서 '어떤 사람을 현인이라 하는가? 모든 것에서 배우려는 사람이다. 어떤 사람을 굳센 사람이라고 하는가? 자기 자신을 억제하는 사람이다. 어떤 사람을 풍부한 사람이라고 하는가? 자기 소득에 만족하는 사람이다.'라고 가르치고 있다.

4. 안분편(安分篇) 14조

"나물먹고 물마시며 팔 굽혀 베고 눕더라도 즐거움이 그 안에 있으니 불의하게 얻은 부귀영화는 나에게 뜬구름과 같다(飯疏食飮水, 曲肱而枕之, 樂亦在其中, 不義而富且貴, 於我如浮雲.)"(『논어』「술이(述而)」)한 것처럼 의롭지 못한 재물을 탐하지 말고 정당한 댓가를 구하여야 한다. 마음과 몸을 간직하는 방법을 가르쳐 주는 글로 마음으로 항상 올바른 길로 가고 있는가 걱정해야 할 것이다. 또 무리하고 부질없는 호화로운 물질적 가치를 좇아가기 보다는 매사에 자기를 알고 자신의 분수를 알며 실리적인 정신적 가치를 추구하며 만족하는 지족안분(知足安分)의 생활 속에서 안락한 생활을 영위할 것을 논하고 있다.

1. 오로지 자신의 이익만 구하는 것은 도리에 어긋나다

너희의 꾀함이 옳지 않으면 후회한들 어찌 거기에 미칠 수 있을 것이며, 너희의 소견이 뛰어나지 못하면 가르친들 무슨 이익이 있겠는가? 오로지 자기 이익만을 위한다면 그것은 도리에 어긋날 것이고, 자기의 사익만을 위하는 마음이 굳어지면 공익을 위하는 마음은 사라져 버릴 것이다.

爾謀不臧, 悔之何及. 爾見不長, 敎之何益. 利心專則背道. 私意確則滅公.

爾謀不臧(이모부장)이면 悔之何及(회지하급)이요. 爾見不長(이견부장)이면 教之何益(교지하익)이리오. 利心專則背道(이심전즉배도)요. 私意確則滅公(사의확즉멸공)이니라.

If you intentionally act wrongfully, you would regret such. If so, how could you finish those acts? If your opinions were not excellent, how could you teach others? If you only think of your own interest, then you would violate the rules of justice. If your private feelings would become hardened, then all your merits would disappear.

- 爾 : 너 이 • 臧 : 어질 장 • 謀 : 꾀할 모
- 私意(사의) : 자기만을 위한 이기적인 마음
- 滅公(멸공) : 여러 사람의 이익을 없앰
- 教 : 가르칠 교. 孝와 攵가 결합한 회의문자로 효도하는 자식을 만들려면 매로 치면서 가르쳐야 한다는 뜻
- 謨 : 꾀할 모. 어떤 일을 하려고 할 때는 말을 해야 하므로 言이 들어감.
- 模 : 본뜰 모 • 暮 : 저물 모 • 募 : 모을 모 • 慕 : 사모할 모

2. 욕심대로 하면 화를 당한다

『근사록』에 이런 말이 있다. “하늘의 이치를 따르면 이익을 추구하지 않더라도 저절로 이익이 생기고, 사람의 욕심을 따르면 이익을 추구하더라도 얻지 못하고 오히려 해로움이 따른다.”

近思錄云, 循天理, 卽不求利而無不利, 循人欲卽求利, 未得而解已隨之.

近思錄云(근사록운), 循天理(순천리)면 卽不求利而無不利(즉불구리이무불리)하고 循人欲(순인욕)하면 卽求利(즉구리)라도 未得而解已隨之(미득이해이수지)니라.

Follow the heaven's will, and you could get benefit spontaneously, Follow your desire, and you could get damaged after all.

• 循: 좇을 순 • 卽: 곧 즉 • 隨: 따를 수

3. 지나친 욕심을 버리자

사람은 백 살을 살지 못하는데 부질없이 천 년의 계획을 세운다.

人無百歲人, 枉作千年計.

人無百歲人(인무백세인)이나 枉作千年計(왕작천년계)니라.

Though you could not live to be hundred, you uselessly plan for one thousand years.

• 歲: 해 세 • 枉: 굽을 왕, 헛될 왕
• 計: 셀 계, 꾀 계 • 無: 없을 무

4. 분수를 지키면 욕됨이 없다

『안분음』에 말하였다. "편안한 마음으로 분수를 지키면 몸에 욕됨이 없을 것이고, 기틀을 잘 알면 마음은 저절로 한가하니, 비록 인간 세상에서 살더라도 도리어 인간 세상을 벗어나게 된다."

安分吟曰, 安分身無辱. 知機心自閑, 雖居人世上, 却是出人間.

安分吟曰(안분음왈), 安分身無辱(안분신무욕)이요. 知機心自閑(지기심자한)이니 雖居人世上(수거인세상)이나 却是出人間(각시출인간)이니라.

Real satisfaction in life leads not man in disgrace, Real understanding of all the reason leads you relaxed in mind. Thus, you could be free from every living hardships.

- 却是出人間(각시출인간): 인간 세상을 벗어난 신선의 세계라는 뜻
- 吟: 읊을 음. 음풍농월(吟風弄月) 음유시인(吟遊詩人)
- 辱: 욕될 욕 • 雖: 비록 수
- 幾: 몇 기, 거의 기. 기하급수(幾何級數)
- 安分(안분): 편안한 마음으로 분수를 지킴

5. 복은 청렴하고 검소한데서 생긴다

자허원군 성유심문에 말하였다. "복(福)은 청렴하고 검소한 데서 생기고, 덕(德)은 자신을 낮추고 겸손한 데서 생기고, 도(道)는 편안하고 고요한 데서 생기며, 생명은 온화하고 맑은 데서 생긴다. 근심은 많은 욕심에서 생기고, 재앙은 많은 탐욕에서 생기고, 실수는 경솔하고 교만한 데서 생기며, 죄악은 어질지 못한 데서 생긴다. 눈을 조심하여 남의 그릇됨을 보지 말고, 입을 조심하여 남의 결점을 말하지 말고, 마음을 조심하여 스스로 탐내거나 화를 내지 말고, 몸을 조심하여 나쁜

친구를 사귀지 말라. 이롭지 않은 말을 함부로 하지 말며, 나와 관계없는 일을 함부로 하지 말라. 임금님을 높이 받들고 부모에게 효도하며 웃어른을 존경하고 덕 있는 사람을 우러러 받들며 어진 사람과 어리석은 사람을 분별하고 무식한 사람을 꾸짖지 말고 용서하라. 모든 일이 순리대로 찾아오면 물리치지 말고, 이미 지나갔거든 쫓지 말고, 몸이 불우하게 되었어도 잘되기를 바라지 말며, 일이 이미 지나가 버렸으면 생각하지 말라. 총명한 사람도 어둡고 둔하여 어리석을 때가 있고 계획을 빈틈없이 잘 세웠어도 편의(便宜)를 잃는 수가 있다. 남에게 손해를 끼치면 마침내 자신도 손해를 입을 것이며, 세력을 믿고 그것에 의존하면 재앙이 서로 다투어 따라 일어날 것이다. 경계하는 것은 마음에 있고 지키는 것은 의기(意氣)에 있다. 절약하지 않으면 집안이 망하고 청렴하지 않으면 지위를 잃게 된다. 그대에게 평생을 두고 스스로 조심해서 지킬 것을 권하노니, 감탄하고 놀라운 마음으로 잘 생각해 주기를 바란다. 위에는 하늘의 거울이 있어 밑을 비추어 살펴보고, 밑에는 땅의 신령[地神]이 있어 살피고 있다. 밝은 곳에는 삼법(三法)이 서로 이어져 있고 어두운 곳에는 귀신이 서로 뒤를 따르고 있다. 오직 바른 것을 지키고 마음을 속이지 말도록 경계하고 또 경계하라."

紫虛元君誠諭心文曰, 福生於淸儉, 德生於卑退, 道生於安靜, 命生於和暢. 憂生於多慾, 禍生於多貪, 過生於輕慢, 罪生於不仁. 瑚艮莫看他非, 戒口莫談他短, 戒心莫自貪嗔, 戒身莫隨惡伴.
無益之言, 莫妄說, 不干己事, 莫妄爲. 尊君王孝父母, 敬尊長奉有德, 別賢愚恕無識. 物順來而勿拒, 物旣去而勿追, 身未遇而勿望, 事已過而勿思. 聰明多暗昧, 算計夫便宜. 損人終自失, 依勢禍相隨. 戒之在心, 守之在氣. 爲不節而亡家, 因不廉而失位. 勸君自警於平生, 可歎可驚而可思. 上臨之以天鑑, 下察之以地祇. 明有三法相繼, 暗有鬼神相隨. 惟正可守, 心不可欺, 戒之戒之.

紫虛元君誠諭心文曰(자허원군계유심문왈), 福生於淸儉(복생어청검)하고 德生於卑退(덕생어비퇴)하고 道生於安靜(도생어안정)하고 命生於和暢(명생어화창)이니라. 憂生於多慾(우생어다욕)하고 禍生於多貪(화생어다탐)하고 過生於輕慢(과생어경만)하고 罪生於不仁(죄생어불인)이니라. 瑚艮莫看他非(호간막간타비)하고 戒口莫談他短(계구막담타단)하고 戒心莫自貪嗔(계심막자탐진)하고 戒身莫隨惡伴(계신막수악반)하라.

無益之言(무익지언)을 莫妄說(막망설)하고 不干己事(불간기사)를 莫妄爲(막망위)하라. 尊君王孝父母(존군왕효부모)하고 敬尊長奉有德(경존장봉유덕)하고 別賢愚恕無識(별현우서무식)하라. 物順來而勿拒(물순래이물거)하고 物旣去而勿追(물기거이물추)하고 身未遇而勿望(신미우이물망)하며 事已過而勿思(사이과이물사)하라.

聰明(총명)도 多暗昧(다암매)요 算計(산계)도 夫便宜(부편의)니라. 損人終自失(손인종자실)이요 依勢禍相隨(의세화상수)라. 戒之在心(계지재심)하고 守之在氣(수지재기)라. 爲不節而亡家(위부절이망가)하고 因不廉而失位(인불염이실위)니라. 勸君自警於平生(권군자경어평생)하나니 可歎可驚而可思(가탄가경이가사)니라. 上臨之以天鑑(상림지이천감)하고 下 察 之以地祇(하찰지이지기)라. 明有三法相繼(명유삼법상계)하고 暗有鬼神相隨(암유귀신상수)라.

惟正可守(유정가수)요 心不可欺(심불가기)니 戒之戒之(계지계지)하라.

Good fortune comes from honesty and frugality. Virtue comes from humbling yourself. Morality comes from being peaceful and quiet. Love for life comes from brightness. Worries come from great desires. Misfortune arises from great greediness. Misdeeds arise from carelessness and pride. Evil arises from not being kind-hearted.

Don't find out other's fault. Don't criticize other's fault. Only be aware of your false and desire. Guard yourself from reckless deeds and anger. You should not engage in non-beneficial talk, nor in matters of no concern to yourself. You should be pious to the king, and filial to your parents, respect the old and virtuous man, distinguish between the benevolent and the foolish. And you should forgive instead of scolding the ignorant. Don't deny the way going on, and don't pursue the way gone already. And try to forget those matters already ended. Don't worry about misfortune and coming recovery efforts. Don't be sorry for it and don't think of what has gone either. The clever might be dull and foolish sometimes, and tight and complete the plan might be, it could be forgotten, or lost. If you inflict injury upon others, they come back to you by return. If you trust and rely upon force, mutual conflicts and trouble follows. Be cautious within the heart, and sustain in the spirit. Economize, or your house will collapse. If you should not be in integrity, you would loose your social position. I dare advise you to bear in mind these in admiration and wonder throughout your life ; above in the heaven there is the mirror to shine and reflect all the things below, and below on the earth there is the earth-god that looks after and examines all in the world. Good omens(三法) follow one after another in harmony and cooperation to make all things peaceful at the bright place, and bad ghosts follow in conflicts at the dark place. Maintain only what is right, and be cautious not to deceive the heart.

- 紫虛元君(자허원군): 도가사상가
- 和暢(화창): 마음이 부드럽고 밝음

- 暗昧(암매): 어둡고 어리석음
- 輕慢(경만): 가볍고 거만함
- 失便宜(실편의): 좋은 때를 놓침
- 因不廉而失位(인불렴이실위): 청렴하지 않기 때문에 지위를 잃음
- 物順來而勿拒(물순래이물거): 순리대로 오는 물건은 거절하지 말라
- 損人終自失(손인종자실): 남에게 손해를 끼치면 마침내 자신이 손해를 봄
- 紫: 자주빛 자 • 虛: 빌 허 • 誠: 성품 성 • 諭: 고할 유
- 儉: 검소할 검 • 卑: 낮을 비 • 退: 물러날 퇴 • 靜: 고요할 정
- 暢: 화창할 창 • 慾: 욕심 욕 • 慢: 거만할 만 • 談: 말씀 담
- 嗔: 성낼 진 • 隨: 따를 수 • 伴: 짝 반 • 賢: 어질 현
- 愚: 어리석을 우 • 恕: 용서할 서
- 聰: 귀 밝을 총 • 昧: 어두울 매
- 勢: 형세 세 • 禍: 재화 화 • 警: 깨우칠 경 • 臨: 임할 림
- 鑑: 거울 감 • 祇: 땅 귀신 기 • 繼: 이을 계 • 眼: 눈 안
- 多貪(다탐): 재물을 탐함이 많음 • 誠: 정성 성 • 孝: 효도 효
- 憂: 근심 우. 마음에 근심하므로 心이 들어감 • 優: 넉넉할 우
- 嗔: 성낼 진 • 愼: 삼가할 신 • 慾: 욕심 욕 • 欲: 하고자할 욕
- 來: 올 래. 木+人+人이 결합한 회의문자로 사람이 나무사이로 오는 모양
- 福: 복 복. 신이 복을 내리므로 示가 들어감
- 貪: 탐할 탐
- 節: 절개 절. 竹+卽이 결합한 글자로 대나무에는 마디가 있다 해서 '마디 절'로, 대나무는 사계절 변하지 아니하므로 절개를 나타내서 '절개'의 뜻으로도 쓴다
- 淸: 맑을 청

6. 편안함 속에서도 어려움을 잊지 말라

『경행록』에 말하였다. "비록 마음은 편할 수 있지만 몸은 일을 하지 않으면 안 되고, 도는 즐길 수 있지만 마음에 근심을 하지 않으면 안 된다. 몸은 일을 하지 않으면 게을러서 허물어지기 쉽고, 마음에 근심을 하지 않으면 방탕에 빠져 올바른 행동을 하지 못한다. 그러므로 편안함은 일하는 데서 생겨야 언제나 기쁠 수 있고, 즐거움은 근심하는 데서 생겨야 싫어함이 없으니 편안하고 즐거운 사람이 근심과 수고로움을 잊을 수 있겠는가."

景行錄曰, 心可逸形不可不勞, 道可樂心不可不憂. 形不勞則怠惰易弊, 心不憂則荒淫不定. 故逸生於勞而常休, 樂生於憂而武厭, 逸樂者, 憂勞豈可忘乎.

景行錄曰(경행록왈), 心可逸(심가일)이언정 形不可不勞(형불가불로)요 道可樂(도가락)이언정 心不可不憂(심불가불우)니라. 形不勞則怠惰易弊(형불로즉태타이폐)하고 心不憂則荒淫不定(심불우즉황음부정)이라. 故(고)로 逸生於勞而常休(일생어로이상휴)하고 樂生於憂而武厭(낙생어우이무염)하나니 逸樂者(일락자)는 憂勞(우로)를 豈可忘乎(기가망호)아.

Relaxed mind comes from hard workings. The Way of life and delight come from much care. Damage of your body comes from no labor, and your riotous life comes from no worry and stress. So, how could you be free from everyday labor and stress, and could have relaxed mind?

• 逸: 편안 일 • 形: 꼴 형 • 勞: 수고로울 로 • 憂: 근심 우
• 怠: 게으를 태 • 惰: 게으를 타 • 弊: 폐단 폐 • 荒: 거칠 황
• 淫: 음란할 음 • 故: 연고 고 • 常: 항상 상 • 憂: 근심 우
• 無: 없을 무 • 厭: 싫을 염 • 豈: 어찌 기 • 忘: 잊을 망
• 憂: 근심 우. 마음에 근심하므로 心이 들어감 • 優: 넉넉할 우
• 忘: 잊을 망
• 定: 정할 정. 宀과 疋가 결합한 글자로 집에 들어와 발을 뻗으므로 쉴 자리를 정했다는 뜻
• 怠: 게으를 태. 마음에 게으름을 피우므로 心이 들어감

7. 올바른 삶을 살려면 욕심을 적게 하라

『경행록』에 말하였다. "삶을 올바르게 보전하려는 사람은 욕심을 적게 하고, 몸을 온전히 지키려는 사람은 세상에 이름 내기를 피한다. 욕심을 내지 않기는 쉬우나 이름 내지 않기는 힘들다."

景行錄曰, 保生者寡慾, 保身者避名, 無慾易, 無名難.

景行錄曰(경행록왈), 保生者(보생자)는 寡慾(과욕)하고 保身者(보신자)는 避名(피명)이니 無慾(무욕)은 易(이)이나 無名(무명)은 難(난)이니라.

The safe-guard of your life comes from less desire, the safe -guard of your body comes from no reputation. No desire is easy, but no reputation is difficult.

• 保生者(보생자): 삶을 안전하게 보전하는 사람 • 保: 보전할 보
• 寡: 적을 과 • 慾: 욕심 욕 • 避: 피할 피 • 難: 어려울 난

8. 마음이 편안하면 만사가 순조롭다

마음이 편안하면 초가집도 안온하고, 성품이 안정되면 나물국도 향기롭다.

心安茅屋穩. 性定菜羹香.

心安茅屋穩(심안모옥온)이요. 性定菜羹香(성정채갱향)이니라.

If you have a clear conscience, even your humble home would be peacful. If you have a stable temper, even vegetable stew would smell flavorful.

- 茅: 띠 모 • 穩: 편안할 온
- 菜: 나물 채 • 羹: 국 갱. 菜羹: 나물국
- 屋: 집 옥 • 定: 정할 정

9. 만족과 근심에는 부귀빈천이 없다

만족할 줄 아는 사람은 가난하고 신분이 낮아도 역시 즐거우나, 만족할 줄 모르는 사람은 부자이고 신분이 귀해도 역시 근심 걱정이 많다.

知足者, 貧賤亦樂. 不知足者, 富貴亦憂.

知足者(지족자)는 貧賤亦樂(빈천역락)이요. 不知足者(부지족자)는 富貴亦憂(부귀역우)니라.

The man who truly knows what it is to be satisfied would enjoy life, even though he may be poor. But the man who does not know what it is to be satisfied, would continue to be ill at ease although he may have great riches.

- 賤: 천할 천. 빈천 비천 귀천 천민 (貧賤 卑賤 貴賤 賤民)
- 樂: 즐거울 락
- 憂: 근심 우
- 不知足者(부지족자): 만족할 줄 모르는 사람
- 貧: 가난 빈

10. 만족하면서 지나침이 없으면 욕됨이 적다

만족할 줄을 알고 늘 만족해한다면 일생 동안 욕됨이 없을 것이며, 그칠 때를 알아 때에 맞게 그친다면 일생 동안 부끄러움이 없다.

知足常足, 終身不辱, 知止常止, 終身不恥.

知足常足(지족상족)이면 終身不辱(종신불욕)하고 知止常止(지지상지)면 終身不恥(종신불치)니라.

The man who truly knows satisfaction and is always satisfied should never fall into disgrace throughout his whole life. and the man who truly knows when to cease desiring things should never be ashamed throughout his life.

- 終: 마칠 종, 끝 종 • 辱: 욕될 욕
- 常: 항상 상 • 恥: 부끄러울 치
- 知止(지지): 그칠 때를 앎. 멈추어야 할 시점에서 그쳐야 하늘의 화를 면할 수 있다.

11. 겸손은 이익이 된다

『서경(書經)』에 말하였다. "가득 차서 넘쳐흐르면 손해를 보고, 겸손하면 이익을 얻게 된다."

書曰, 滿招損, 謙受益.

書曰(서왈), 滿招損(만초손)하고 謙受益(겸수익)이니라.

If you would be proud, you would only lose. But if you would be humble, you should be enriched.

- **滿**: 가득할 만. 滿面 滿場 • **招**: 부를 초. 招待 招聘 招請
- **損**: 덜 손. 損益 損傷 毁損 損害
- **謙**: 사양할 겸. 謙遜 謙讓 • **益**: 더할 익

12. 분수에 맞게 행동하라

작은 배는 무거운 짐을 실으면 감당하기 어렵고, 으슥한 길은 혼자 다니기에 좋지 않다.

小船, 難堪重載. 深逕, 不宜獨行.

小船(소선)은 難堪重載(난감중재)요 深逕(심경)은 不宜獨行(불의독행)이니라.

Heavy loading is beyond small boat's capacity, rounding on the isolated place is beyond safe-guard line.

- 堪: 견딜 감 • 載: 실을 재. 실어서 운반하다
- 逕: 지름길 경. 좁은 길, 지름길 • 宜: 마땅할 의

13. 지나치게 욕심을 부리면 걱정이 많다

『경행록』에 말하였다. "만족할 줄을 알면 즐겁고, 지나치게 욕심을 부리면 걱정이 많다."

景行錄云, 知足可樂, 務貪則憂.

景行錄云(경행록운), 知足可樂(지족가락)이요 務貪則憂(무탐즉우)니라.

If you know what it is to be satisfied, you will surely enjoy life. But if you are greedy, your worries will be endless.

- 錄: 기록할 록 • 憂: 근심 우
- 務: 힘쓸 무. 務實力行 勤務 責務 勞務
- 貪: 탐할 탐. 今과 貝가 결합된 회의문자로 지금 또 재물을 탐한다는 뜻이다

14. 지나친 욕심을 버려라

천 칸이나 되는 큰 집이라 하더라도 밤에 잠을 자는 곳은 8척이면 충분하고, 좋은 전답이 1만 경이나 되더라도 하루에 먹는 것은 두 되면 충분하다.

大廈千間, 夜臥八尺, 良田萬頃, 日食二升.

大廈千間(대하천간)이라도 夜臥八尺(야와팔척)이요 良田萬頃(양전만경)이라도 日食二升(일식이승)이니라.

Although one's house may have a thousand rooms, you only need one eight feet long to sleep in. Although some may own 10,000 acres, you only need two fistfuls of rice a day.

• 廈: 처마 하 • 臥: 엎드릴 와 • 升: 되 승

▶ 차면 기울고 기울면 다시 차는 게 세상의 이치다. 상황에 따른 분수는 편안하고 넘치지 않아야 한다는 의미로 자신의 정도(正道)에 따라 게으르지 말고 올바르게 전진하라는 것이다. 만약 자신의 분수나 처지에 안심하지 못하면 마음이 초조하거나 경망하여 정신적인 괴로움을 당하거나 패가망신하게 된다. 이와 관련된 일화로 옛날에 수탉 두 마리가 암탉 한 마리를 서로 차지하려고 싸우고 있었다. 얼마 후 약한 수탉이 다른 힘센 수탉에게 쫓겨 덤불 속에 숨어버렸다. 의기양양해진 힘센 수탉은 높은 담에 날아올라가 활개를 치면서 큰소리를 내었다. 이때 갑자기 독수리 한 마리가 나타나 그 힘센 수탉을 채어가 버렸으므로 덤불 속에 숨어있던 수탉은 저절로 암탉을 얻게 되었다. 모든 일은 분수에 넘지 않게 행하라는 뜻으로 분수를 알고 살면 충분한 행복을 누릴 수 있다는 것이다. 우리 속담에 '뱁새가 황새를 쫓으면 가랑이가 찢어진다.'라는 말처럼 분수를 지키기 위해서는 우선 자기 자신에 대한 분수를 아는 것이 중요하다는 의미이다.

분수란 자신의 능력 혹은 현재 처한 상황을 넘어 과도하게 욕망하지 않는 것이다. 그러므로 제 분수를 지키며 살다보면 몸도 마음도 평화롭게 된다는 가르침이다. 그래서 안빈낙도는 가난하고 생활이 곤궁하다할지라도, 그 속에서 즐거움을 찾으면서 살아가는 것을 말한다. 지족안분이라는 말 역시 가난하고, 어려운 생활에 불평하지 않고 스스로 만족해하며 사는 것을 말한다.

관련된 일화로 하루는 날씨가 매우 더웠다. 정조는 침실 남쪽 건물에 머물렀는데, 처마가 매우 짧아 한낮이 되자 해가 뜨겁게 내리쬐었다. 신하가 "이 방은 협소하여 한여름이면 더욱 불편합니다. 건물을 별도로 짓자는 청은 비록 윤허를 얻지 못하였으나 서늘한 곳으로 옮겨서 여름을 보내는 것이 좋을 듯합니다."라고 아뢰었을 때, 정조는

"지금 좁은 이곳을 버리고 다른 서늘한 곳으로 옮기면 또 거기에서도 참고 견디지 못하고 반드시 더 서늘한 곳을 생각하게 될 것이다. 이렇게 되면 어떻게 만족할 때가 있겠는가. 만약 이곳을 참고 견디면 바로 이곳이 서늘한 곳이 된다."라고 하였다. 이것을 미루어본다면 평소 자신의 위치에서 만족하려고 하는 마음 자세가 얼마나 중요한 것인가를 실감할 수 있다.

원불교의 소태산도 자연 변화의 이치를 아는 사람은 수양의 마음이 느긋한 것이라고 보았다. "자연 변화의 이치를 아는 사람은 그 변화를 겪을 때에 수양의 마음이 느긋하여 천지와 같이 심상하나, 그 이치를 모르는 사람은 그 변화에 마음까지 따라 흔들려서 슬프고 괴로운 마음을 다스리지 못하므로 고해가 한이 없다"고 하였다.

5. 효도편(孝道篇) 17조

오륜사상(五倫思想)에 입각한 윤리·도덕을 논하고 부모의 은덕과 부모를 대하는 자식의 도리를 명확히 하여 효(孝)의 가치를 강조하고 있다. 자신이 부모에게 효도를 하면 자식도 자신에게 효도를 한다는 인과론적 효도를 논하고 있다. 자식 된 도리로서 정성껏 부모를 봉양하며 부모에게 근심걱정을 끼치지 않고 부모의 뜻에 따르고 섬기며 존중하는 것이 효의 기본이다.

1. 외출할 때는 부모에게 행방을 알려라

공자가 말하였다. "부모가 계시면 멀리 떠나서 오랫동안 집을 비워서는 안 되고, 어디를 갈 때는 반드시 가는 곳을 말씀드려야 한다."

子曰, 父母在, 不遠遊, 遊必有方.

子曰(자왈), 父母在(부모재)어시든 不遠遊(불원유)하며 遊必有方(유필우방)이니라.

While your parents are living, do not wander far away. But if you must leave them, always let them know where you are.

- **遠**: 멀 원 • **遊**: 놀 유. 遊覽船 遊學 遊興地
- **遠遊(원유)**: 학업 또는 여행을 위해 먼 곳에 감.

• 親: 어버이 친, 어버이와 친한 사람은 얼굴을 자주 뵈므로 견(見)이 들어감.

2. 부모님이 시키는 일은 즉시 해라

공자가 말하였다. "아버지가 부르면 즉시 예, 하고 대답하고 머뭇거리지 않으며, 입에 음식이 있으면 이를 뱉어야 한다."[1]

子曰, 父命召, 唯而不諾, 食在口則吐之.

子曰(자왈), 父命召(부명소)어시든 唯而不諾(유이불락)하고 食在口則吐之(식재구즉토지)니라.

If your father calls you, answer quickly. Don't mumble. If your mouth is full of food, spit out your food before you reply.

- 諾: 대답할 락, 머리를 끄덕이다. 말로 응답만 하고 행동하지 않음을 뜻함.
- 吐: 토할 토. 口와 土가 결합한 형성문자이다.
- 唯: 오직 유, 빨리 대답할 유.
- 惟: 생각할 유, 생각하다. 도모하다.
- 維: 바 유, 밧줄. 메다. 바치다.

1) 이 구절은 부모님을 공경하고 어렵게 생각하여 몸가짐을 조심하라는 뜻을 담고 있다.

3. 효자가 효자를 낳는다

태공이 말하였다. "내가 부모에게 효도를 하면 내 자식 또한 나에게 효도하기 마련이다. 내가 부모에게 효도를 하지 않았는데 자식이 어찌 나에게 효도를 하겠는가?"

太公曰, 孝於親, 子亦孝之, 身旣不孝, 子何孝焉.

太公曰(태공왈), 孝於親(효어친)이면 子亦孝之(자역효지)하나니 身旣不孝(신기불효)면 子何孝焉(자하효언)이리오.

If I am a good son to my father, my own son will be good to me. If I am not a good to my father, then how can I expect my own son to be good to me?

• 旣: 이미 기 • 焉: 어조사 언

4. 효자는 무궁한 복을 누릴 수 있다

『경행록』에 말하였다. "금은보화는 다 쓰고 나면 남는 것이 없지만, 나라에 충성하고 부모님께 효도하면 무궁한 복을 누릴 수가 있다."[2]

---

2) 5월 8일 어버이날은 미국에 어머니와 단둘이 살던 안나가 어느 날 어머니가 돌아가시자 슬픔과 회한으로 괴로워하다가 일 년에 단 하루라도 어머니를 기리고자 파티에 참석할 때면 늘 흰 카네이션을 달고서 사람들에게 '어머니의 날'을 만들자고 설득했다. 7년 동안의 노력이 결실을 맺어 1914년 5월 둘째 일요일, 첫 '어머니의 날'이 선포되었다. 우리도 이 전통을 이어 '어머니의 날'을 제정하였다가 1974년에 '어버이의 날'로 바꾸었다. 효는 모든 행실의 근본으로 예로부터 효자 아닌 충신은 없다고 했다.

景行錄云, 寶貨用之有盡, 忠孝, 享之無窮.

景行錄云(경행록운), 寶貨(보화)는 用之有盡(용지유진)이요 忠孝(충효)는 享之無窮(향지무궁)이니라.

Your valuables would be exhausted someday. However, loyalty and filial piety would never be exhausted and guarantee your happiness.

- **寶**: 보배 보 • **寶貨(보화)**: 보물과 재물 • **錄**: 기록할 록
- **盡**: 다할 진 • **享**: 누릴 향 • **窮**: 다할 궁

5. 몸을 다치지 않는 것이 효의 시작이다

공자가 말하였다. "우리의 몸은 부모에게서 받은 것이니 다치지 않는 것이 효도의 시작이며, 출세하여 후세에 이름을 날려 부모를 드러내는 것이 효의 끝이다."

子曰, 身體髮膚, 受之父母, 不敢毁傷, 孝之始也. 立身行道, 揚名於後世, 以顯父母, 孝之終也.

子曰(자왈), 身體髮膚(신체발부)는 受之父母(수지부모)니 不敢毁傷(불감훼상)이 孝之始也(효지시야)요. 立身行道(입신행도)하여 揚名於後世(양명어후세)하여 以顯父母(이현부모)가 孝之終也(효지종야)니라.

Filial duty starts from keeping your body, inherited from parents, smart. And it ends at last to the success and renowned in the world.

• 髮: 터럭 발 • 毁: 헐 훼 • 楊: 버들 양

6. 부모님의 연세를 기억하라

공자가 말하였다. "부모의 나이를 몰라서는 안 되니, 한편으로는 오래 사시는 것이 기쁘기 때문이요, 한편으로는 앞으로 사실 날이 많지 않는 것이 두렵기 때문이다."

子曰, 父母之年, 不可不知也, 一卽以喜. 一卽以懼.

子曰(자왈), 父母之年(부모지년)은 不可不知也(불가불지야)니 一卽以喜(일즉이희)요. 一卽以懼(일즉이구)니라.

You must always be aware of the age of your parents. On the one hand, it is a cause for rejoicing, on the other a source of anxiety.

• 卽: 곧 즉 • 懼: 두려워할 구

7. 자기 부모를 먼저 공경하라

공자가 말하였다. "자기 어버이는 사랑하지 않으면서 다른 사람을 사랑하는 것은 잘못된 덕이고, 자기 어버이는 존경하지 않으면서 다른 사람을 존경하는 것은 잘못된 예의이다."

子曰, 故不愛其親, 愛他人者, 謂之悖悳, 不敬其親, 敬他人者, 謂之悖禮.

子曰(자왈), 故(고)로 不愛其親(불애기친)이 愛他人者(애타인자)를 謂之悖悳(위지패덕)이요 不敬其親(불경기친)이 敬他人者(경타인자)를 謂之悖禮(위지패례)라 하니라.

No love your parents, while love other person could be called immoral virtue. No respect your parents, while respect others could be improper etiquette.

• 悖: 어그러질 패 • 悳: 덕 덕

8. 정성을 다해 어버이를 공경하라

공자가 말하였다. "효자가 부모를 섬기는 일은 자고 일어나심에 공경을 다하고, 받들어 모실 때는 즐거움을 다하고, 병드셨을 때는 근심을 다하고, 돌아가셨을 때는 슬픔을 다하고, 제사를 지낼 때는 엄숙함을 다해야 한다."

子曰, 孝子之事親也, 居則致其敬, 養則致其樂, 病則到其憂, 喪則致其哀, 祭則致其嚴.

子曰(자왈), 孝子之事親也(효자지사친야)에 居則致其敬(거즉치기경)하고 養則致其樂(양즉치기락)하고 病則到其憂(병즉치기우)하고 喪則致其哀(상즉치기애)하고 祭則致其嚴(제즉치기엄)이니라.

A filial son devoted to his parents must serve them with full respect. He must enjoy supporting them. He must worry over them, when sick. And he must be sad with all his heart when they are pass away. He must be solemn during memorial rites for them.

- 親: 어버이 친 • 致: 이를 치 • 敬: 공경 경
- 養: 봉양할 양, 기를 양. 奉養 養育 素養
- 憂: 근심 우. 憂患 內憂外患
- 喪: 잃을 상, 죽을 상. 初喪
- 祭: 제사 제. 時祭 祭祀 祝祭
- 嚴: 엄숙할 엄. 嚴格 嚴肅 嚴正 威嚴
- 孝: 효도 효. 耂와 子가 결합한 회의문자이다. 늙은 어버이를 아들이 업고 간다는 뜻이다.
- 病: 병 병. 疒와 丙이 결합한 형성문자이다.
- 憂: 근심 우. 마음에 근심하므로 心이 들어감.
- 優: 넉넉할 우

9. 부모님의 은혜는 하늘보다 높다

『시경』에 말하였다. "아버님 나를 낳으시고 아머님 나를 기르셨으니, 아! 부모님이시여, 나를 낳아 기르시느라 고생하셨습니다. 그 은덕에 보답하고자 하나 하늘과 같이 끝이 없습니다."

詩曰, 父兮生我, 母兮鞠我, 哀哀父母, 生我劬勞. 欲報之德, 昊天罔極.

詩曰(시왈), 父兮生我(부혜생아)하시고 母兮鞠我(모혜국아)하시니, 哀哀父母(애애부모)여 生我劬勞(생아구로)셨다. 欲報之德(욕보지덕)인대 昊天罔極(호천망극)이로다.

It is truly heartrending that my father gave me life and my mother nourished me. How great pains they took to give me life and nourish me. Indeed I want to repay my debt to my parents. But it is as great and wide as heaven.

- 詩: 『시경(詩經)』을 말한다. 『시경』은 삼경(三經)의 하나로 중국 최초의 시가 총집이다. 각 나라에서 채집한 민요 삼천여 편 중에서 공자가 삼백다섯 편을 뽑아 엮은 책이다.
- 我: 나 아 • 鞠: 기를 국 • 哀: 슬플 애
- 劬: 수고로울 구, 힘쓸 구
- 報: 갚을 보 • 深: 깊을 심 • 昊: 하늘 호
- 罔: 없을 망 • 亡: 망할 망 • 忘: 잊을 망
- 網: 그물 망 • 極: 다할 극.
- 罔極(망극): 다함이 없음. 부모님의 은혜가 커서 다 갚을 수 없음.
- 哀哀(애애) : 감탄사

10. 돌아가신 어버이의 뜻을 계승하라

공자가 말하였다. "아버지가 살아 계실 때에는 그 자식의 뜻을 관찰하고, 아버지가 돌아가셨을 때에는 그 자식의 행실을 관찰해야 하니, 3년 동안 아버지의 예법을 고치지 않아야 '효자'라고 말할 수 있다."

子曰, 父在觀其志, 父沒觀其行, 三年, 無改於父之道, 可謂孝矣.

子曰(자왈), 父在(부재)엔 觀其志(관기지)요 父沒(부몰)에 觀其行(관기행)이니 三年(삼년)을 無改於父之道(무개어부지도)라야 可謂孝矣(가위효의)이니라.

While your parents are alive, you should not travel far, and when you do travel you must keep to a fixed itinerary. One who makes no changes to the way of his father for three years after his father has passed away, may be called a filial son.

• 沒: 가라앉을 몰. 여기서는 죽음을 뜻함. • 於: 어조사 어

11. 불효자는 불효자를 둔다

효도하고 순종하는 사람은 다시 효도하고 순종하는 자식을 낳게 되고, 부모의 뜻을 거스르는 사람은 다시 부모의 뜻을 거스르는 자식을 낳게 된다. 이를 믿지 못하거든 처마 끝에서 떨어지는 물을 보라. 한 방울 한 방울 제 자리에 떨어지는 것이 조금도 어긋남이 없을 것이다.

孝順, 還生孝順子, 忤逆, 還生忤逆子, 不信, 但看檐頭水. 點點滴滴不差移.

孝順(효순)은 還生孝順子(환생효순자)요 忤逆(오역)은 還生忤逆子(환생오역자)하나니 不信(불신)커든 但看檐頭水(단간첨두수)하라. 點點滴滴不差移(점점적적불차이)니라.

A man obedient to his parents shall have obedient children. If a man is not obedient to his parents, neither can his children be. If you do not believe this, look at the raindrops falling from the eaves. Each drop necessarily falls to the ground.

• 還: 도로 환. 還元 還生 返還 循環
• 順: 순할 순. 順從 順次 筆順 • 忤: 거스릴 오.

- 逆: 거스릴 역. 拒逆 順逆 逆謀 逆順. 거슬러 가므로 간다는 뜻의 辶이 들어감.
- 檐: 처마 첨 • 點: 점 점 • 差: 어긋날 차
- 信: 믿을 신. 人과 言이 결합한 회의문자이다. 사람은 말에 믿음이 있어야 한다는 뜻이다.
- 頭: 머리 두. 豆와 頁이 결합한 형성문자이다.
- 滴: 물방울 적. 水와 啇이 결합한 형성문자이다.
- 適: 갈 적 • 摘: 딸 적 • 敵:대적할 적
- 點點滴滴(점점적적): 낙숫물이 떨어지는 모양이다.

12. 부모 봉양 게으름 피우고, 놀기에 바빠 불효 저지르지 말며, 어떤 일보다 먼저 효 실천하라. 또 함부로 행동하고 부모 욕되게 하여 걱정 끼치지 말라

맹자가 말하였다. 세속에 이른바 불효라는 것이 다섯 가지이니, 몸을 게을리 하여 부모를 봉양하지 않음이 첫 번째 불효이다. 술 마시고 놀기를 좋아하여 부모를 봉양하지 않음이 두 번째 불효이다. 재물을 좋아하고 아내와 자식만을 사랑하여 부모를 봉양하지 않음이 세 번째 불효이다. 자기가 하고 싶은 대로 함부로 행동하여 부모를 욕되게 함이 네 번째 불효이다. 남과 싸우기를 좋아하여 부모에게 걱정을 끼치는 것이 다섯 번째 불효이다.

孟子曰, 世俗所謂不孝者五, 惰其四肢, 不顧父母之養, 一不孝也. 博奕好飮酒, 不顧父母之養, 二不孝也. 好貨財, 私妻子, 不顧父母之養, 三不孝也. 從耳目之欲, 以爲父母戮, 四不孝也. 好鬪以爲父母, 五不孝也.

孟子曰(맹자왈), 世俗所謂不孝者五(세속소위불효자오)니 惰其四肢(타기사지)하여 不顧父母之養(불고부모지양)이 一不孝也(일불효야)요. 博奕好飮酒(박혁호음주)하여 不顧父母之養(불고부모지양)이 二不孝也(이불효야)요. 好貨財(호화재)하며 私妻子(사처자)하여 不顧父母之養(불고부모지양)이 三不孝也(삼불효야)요. 從耳目之欲(종이목지욕)하여 以爲父母戮(이위부모륙)이 四不孝也(사불효야)요. 好鬪(호투)하여 以爲父母(이위부모)가 五不孝也(오불효야)라.

There are five kinds of undutiful causes to your parents. Those are, laziness, drinking, partial favoritism of wife and children and partial desire for wealth, desire to follow his own needs, and finally fighting with others what make his parents uncomfortable.

• 博: 넓을 박 • 奕: 바둑 혁 • 惰: 게으를 타 • 顧: 돌아볼 고
• 奕: 클 혁 • 貨: 재화 화 • 戮: 죽일 륙 • 鬪: 싸움 투

13. 효가 하늘에 이르면 하늘도 감동한다(효감동천)

증자가 말하였다. "효도하는 마음과 자애로운 마음은 백 가지 행실 가운데 으뜸인데 효보다 더 나은 것은 없다. 효가 하늘에 이르면 알맞은 때에 비를 내려 주고, 효가 땅에 이르면 만물이 무성하게 되고, 효가 사람에게 이르면 여러 가지 복을 받게 된다."

曾子曰, 孝慈者百行之先, 莫過於孝. 孝至於天, 卽風雨順時, 孝至於地, 卽萬物化盛, 孝至於人卽衆福來臻.

曾子曰(증자왈), 孝慈者(효자자)는 百行之先(백행지선)이니 莫過於孝

(막과어효)라. 孝至於天 卽風雨順時(효지어천 즉풍우순시)하고 孝至於地 卽萬物化盛(효지어지 즉만물화성)하고 孝至於人 卽衆福來臻(효지어인 즉중복내진)이니라.

The dutiful and benevolent mind is good virtue. But there is nothing better than filial duty. When filial duty could move the sky and it respond to rain down, It could move the ground to respond all creation to become prosperous. And it could move man to respond man to be happy.

• 慈: 사랑할 자 • 盛: 담을 성 • 臻: 이를 진

14. 부모의 잘못은 공손히 바로잡아 드려라

증자가 말하였다. "부모가 사랑해 주시거든 기뻐하면서도 잊지 말아야 하고, 부모가 미워하시거든 원망하지 말아야 한다. 부모님께서 혹시 잘못하시는 일이 있거든 바로 잡아 드리되 거스르지 말아야 한다."

曾子曰, 父母愛之, 喜而不忘, 惡之, 懼而無怨, 父母有過, 諫而不逆.

曾子曰(증자왈), 父母愛之(부모애지)어든 喜而不忘(희이불망)하고 惡之(오지)어든 懼而無怨(구이무원)하며 父母有過(부모유과)어든 諫而不逆(간이불역)이니라.

You should not be ungrateful, and thank for your parents' love. And ne ver be hateful for their disfavor of you. You could correct their faults politely, but never disobey them.

• 曾: 일찍 증 • 諫: 간할 간

15. 불효가 가장 큰 죄다

공자가 말하였다. "이 세상에 죄가 삼천 가지나 되는데 불효보다 더 큰 죄는 없다."

子曰, 五刑形屬, 三千而罪莫大於不孝.

子曰(자왈), 五刑之屬(오형지속)이 三千(삼천)이나 而罪莫大於不孝(이죄막대어불효)이니라.

There are three thousand kinds of bad things, but nothing are worth than undutiful to your parents.

- 屬: 엮을 속, 이을 촉
- 莫: 없을 막, 저물 모, 고요할 맥

16. 부모를 공경하라

어린 자식의 대소변 같은 더러운 것은 그대 마음에 싫어하지도 꺼려하지도 않으면서, 늙으신 부모님의 눈물과 침이 떨어지는 것은 도리어 미워하고 싫어하는구나. 그대의 여섯 자 몸뚱이는 어디에서 왔는가? 아버지 정기와 어머니의 피가 그대의 몸을 만들었도다. 그대에게 권하노니, 늙어 가는 사람을 공경하고 대접하라. 그들은 젊었을 때 그대를 위하여 힘줄과 뼈가 닳도록 고생하셨노라.

幼兒尿糞穢, 君心, 無厭忌, 老親涕唾零, 反有憎嫌意. 六尺軀來何處. 父精母血成汝體. 勸君敬待老來人. 壯時爲爾筋骨弊.

幼兒尿糞穢(유아뇨분예)는 君心(군심)에 無厭忌(무염기)로되 老親涕唾零(노친체타령)은 反有憎嫌意(반유증혐의)니라. 六尺軀來何處(육척구래하처)오. 父精母血成汝體(부정모혈성여체)라. 勸君敬待老來人(권군경대노래인)하라. 壯時爲爾筋骨弊(장시위이근골폐)니라.

You would be very generous with your baby's feces and urine, while very hatred with your elderly parent's tears and drools. Where your six-feet body come from? It would come from your mother's blood and your father's energetic semen. You should respect and attend the old. because they did their best for bringing up and educating their children.

- 尿糞穢(뇨분예): 오줌과 똥의 더러움.
- 筋骨弊(근골폐): 힘줄과 뼈가 부서짐.
- 尿: 오줌 뇨 • 糞: 똥 분. 糞尿 尿道 尿素
- 穢: 더러울 예 • 厭: 싫을 염 • 唾: 침 타 唾液
- 零: 떨어질 령, 작을 령. 零細民
- 憎: 미워할 증. 憎惡 • 嫌: 혐오할 혐. 嫌惡
- 軀: 몸 구 • 精: 정기 정 • 筋: 힘줄 근. 筋肉
- 弊: 폐단 폐. 弊端 弊習

17. 부모를 봉양함에 힘을 다하라

부모를 봉양할 때엔 단 두 분뿐인데도 언제나 이 때문에 형제가 다투고, 기를 아이는 열 명이나 되어도 모두 그대 혼자 다 떠맡는다. 아이가 배부르고 따뜻한가는 늘 물어보면서 부모가 굶주리고 춥지 않은가에 대하여는 관심조차 두지 않는다. 부모를 봉양함에 힘을 다할 것을 그대에게 권하노라. 부모님들은 그대를 기를 때 원래 그들이 갖고 있었던 입을 것과 먹을 것을 그대에게 다 빼앗겼다.

養親, 只有二人, 常與兄弟爭, 養兒, 雖十人, 君皆獨自任. 兒飽暖親常問, 父母饑寒不在心. 勸君養親, 須竭力. 當初衣食, 被君侵.

養親(양친)엔 只有二人(지유이인)이로되 常與兄弟爭(상여형제쟁)하고 養兒(양아)엔 雖十人(수십인)이나 君皆獨自任(군개독자임)이라. 兒飽暖親常問(아포난친상문)하되 父母饑寒不在心(부모기한불재심)이라. 勸君養親(권군양친)을 須竭力(수갈역)하라. 當初衣食(당초의식)이 被君侵(피군침)이니라.

You would quarrel with your brothers on supporting your parent, though they are just two. Though there are no less than ten children to rear, you alone would be willing to take care of all of them. You would be impatient for your children's hunger and comfort, while you would neglect your parent's. Do your best in supporting your parent. They would be the very value to be supported, because they consumed their money and effort to bring you up.

- **雖**: 비록 수 • **獨**: 홀로 독. 孤獨 獨立 獨身 獨子
- **飽**: 배부를 포. 食과 包가 결합한 형성문자이다. 飽滿感 飽食
- **胞**:세포 포 • **砲**: 대포 포.
- **煖**: 따뜻할 난. 暖와 같은 뜻. 煖房=暖房
- **饑**: 주릴 기. 飢와 같은 뜻. 饑餓 • **竭**: 다할 갈 • **侵**: 침략할 침
- **被**: 입을 피. 衣와 皮가 결합한 형성문자. 彼: 저 피. 疲: 피곤할 피

▶ 부모를 공양함에 있어 공경하고(敬), 즐거워하고(樂), 근심하고(憂), 슬퍼하고(哀), 엄숙히 하는(嚴) 것은 효의 기본으로 형식보다 마음가짐이 우선임을 나타내는 말이다. 생활 방식과 가족관계가 변한 요즘, 아침에 문안 인사 여쭙고 밤에 취침 인사드리는 옛 법도는 지킬 수 없겠지만, 위의 다섯 법도만이라도 마음속에 항상 지녀야 할 것이다(昏定晨省).

공자의 제자였던 자권(子權)은 일찍이 어머니를 여의고 계모 슬하에서 자랐다. 계모는 자기가 낳은 자식만 편애하며 자권을 박해하였다. 그리하여 자권은 몹시 추운 한겨울에도 얇은 홑옷으로 견뎌야 했다. 어느 날, 이 사실을 알게 된 부친이 당장 계모를 쫓아내려고 하였다. 그러자 의붓동생들의 처지가 딱해질 것을 염려하며 자권은 아버지를 극구 말렸다. 그날 밤 자권의 아버지는 자권과의 일을 계모에게 말했다. 계모는 그제서야 크게 뉘우치고 다음날부터 새사람이 되었다고 한다. 자신보다 가정의 화목을 먼저 생각한 자권의 마음 씀씀이가 효의 진면목을 보여주었다. 이처럼 효란 자신보다 부모와 형제를 위하는 마음이다. 인간관계에서도 자신보다 남을 생각하는 마음의 여유를 가질 때 사회와 국가가 건전해지는데, 이런 마음가짐은 바로 가정의 효에서 시작된다.

콩 심은 데 콩 난다고만 주장하는 것은 억지일 수 있고, 조선시대에 가르치던 효의 법도처럼 가르칠 수 있는 시대는 아니다. 그러나 윗사람이 항상 모범을 보여 주는 것이 최고의 가르침이라는 점은 예나 지금이나 변함이 없다. 효에 있어서도 의무감이나 당위성의 가르침만 반복하고, 애매한 세대차만 들먹일 것이 아니라 젊은 부모가 나서서 집안을 화목하고 즐겁게 가꾸며 웃어른에 대한 본보기를 보여주면 자연스럽게 자식들도 몸소 배우게 될 것이다.

6. 학문편(學問篇) 15조

여기서는 어릴 때부터 부지런히 배워야 할 것을 거듭 강조하면서 경제적 부유의 유무와 관계없이 배움을 포기해서는 안 된다고 하고 있다. 결과적으로 인간의 영달(榮達)이나 그 완성은 전적으로 스스로의 면학에 있음을 일깨우면서 학문을 바라보는 바른길과 교육의 중요성을 논하고 있다(지락막여독서, 지요막여교자).

1. 학업을 게을리 하지 말라

재여가 낮잠을 자고 있을 때 공자가 말하였다. "썩은 나무로는 조각을 할 수가 없고, 더러운 거름흙으로 쌓은 담장은 흙손질을 할 수가 없다."

宰予晝寢, 子曰, 朽木, 不可雕也. 糞土之墻, 不可圬也.

宰予晝寢(재여주침)이어늘 子曰(자왈), 朽木(후목)은 不可雕也(불가조야)요 糞土之墻(분토지장)은 不可圬也(불가오야) 니라.

Zai Wo was sleeping during the daytime. The Master said," Rotten wood cannot be carved, and a wall of dung cannot be plastered. As for Zai Wo what would be the use of reprimanding him?"

- 宰予(재여): 공자의 제자로 십철(十哲) 중의 한 사람으로 자공과 함께 언변에 능했다.
- 宰: 재상 재 • 晝: 낮 주 • 寢: 잠잘 침 • 朽: 썩을 후
- 雕: 다듬을 조 • 糞: 썩을 분 • 墻: 담 장
- 圬: 흙손 오, 흙손질하는 사람 • 糞土(분토): 썩은 흙. 사람이 게으르면 아무 곳에도 쓸모없는 사람이 된다는 뜻이다.

2. 독서는 집안을 일으키는 근본이다

책 읽는 것은 집을 일으키는 근본이요, 이치를 따르는 것은 집을 보전하는 근본이다. 부지런하고 검소한 것은 집을 다스리는 근본이며, 화목하고 유순한 것은 집을 편안케 하는 근본이다.

讀書, 起家之本. 循理, 保家之本. 勤儉, 治家之本. 和順, 齊家之本.

讀書(독서)는 起家之本(기가지본)이요. 循理(순리)는 保家之本(보가지본)이요. 勤儉(근검)은 治家之本(치가지본)이요. 和順(화순)은 齊家之本(제가지본)이니라.

Reading would be the cause to prosper your house, submission to reason be to keep your family, frugality and diligence be to managing your household, and generosity be to peace your house.

- 循: 따를 순 • 勤: 부지런할 근 • 儉: 검소할 검 • 治: 다스릴 치
- 齊: 가지런할 제

3. 가난할수록 배워라

주문공이 말하였다. "집이 가난하더라도 가난 때문에 배우는 것을 그만둬서는 안 될 것이며, 집이 부유하더라도 넉넉한 것을 믿고 배우는 것을 게을리 해서 안 될 것이다. 가난한 사람이 부지런히 배우면 훌륭한 사람이 될 수가 있고, 부유한 사람이 부지런히 배우면 더욱 이름이 빛날 것이다. 오직 배우는 사람만이 성공할 것이요, 배우지 않는 사람은 아무것도 이룰 수가 없다. 배운다는 것은 곧 몸의 보배요, 배운 사람은 곧 세상의 보배이다. 그러므로 배우면 곧 군자가 되고, 배우지 않으면 소인이 될 것이니 후에 배우는 사람들은 각각 마땅히 힘을 써야 한다."

朱文公曰, 家若貧, 不可因貧而廢學, 家若富, 不可恃富而怠學. 貧若勤學, 可以立身. 富若勤學, 名乃光榮. 惟見學者顯達. 不見學者無成. 學者, 乃身之寶. 學者, 乃世之珍. 是故, 學則乃爲君子. 不學則爲小人, 後之學者, 宜各勉之.

朱文公(주문공)이 曰(왈), 家若貧(가약빈)이라도 不可因貧而廢學(불가인빈이폐학)이요 家若富(가약부)라도 不可恃富而怠學(불가시부이태학)이라. 貧若勤學(빈약근학)이면 可以立身(가이입신)이요. 富若勤學(부약근학)이면 名乃光榮(명내광영)이라. 惟見學者顯達(유견학자현달)이요. 不見學者無成(불견학자무성)이니라. 學者(학자)는 乃身之寶(내신지보)요. 學者(학자)는 乃世之珍(내세지진)이니라. 是故(시고)로 學則乃爲君子(학즉내위군자)요. 不學則爲小人(불학즉위소인)이니 後之學者(후지학자)는 宜各勉之(의각면지)니라.

Even though one's family is poor, it is wrong to abandon education because of that. And even though one's family is wealthy, it is wrong to depend on that and be laze in education. Education is precious to man, and learned men are precious to the world.

- 顯達(현달): 출세함. • 廢: 폐할 폐 • 恃: 믿을 시
- 怠: 게으를 태 • 勤: 부지런할 근 • 顯: 나타날 현
- 達: 달할 달 • 寶: 보배 보 • 宜: 마땅 의
- 勉: 힘 쓸 면 • 寶: 보배 보
- 榮: 영화 영. 나무에 꽃이 피어 화려한 모양.
- 怠: 게으를 태. 마음에 게으름을 피우므로 心이 들어감.

4. 배움에는 때가 있다

『논어』에 말하였다. "배울 때에는 모자라는 듯이 하고, 오직 배운 것을 잃을까 걱정해야 한다."

論語曰, 學如不及, 惟恐失之.

論語曰(논어왈), 學如不及(학여불급)이요 惟恐失之(유공실지)니라.

Learn as if you will never catch up, and fear as if you will lose what you have already attained.

- 論: 논할 론 • 語: 말씀 어
- 惟: 오직 유 • 恐: 두려울 공. 恐怖

5. 널리 배우고 뜻을 돈독히 하라

공자가 말하였다. "널리 배우고 뜻을 돈독히 하며, 진지하게 묻고 생각을 가까이 하면 어진 마음이 그 가운데 있다."

子曰, 博學而篤志, 切問而近思, 仁在其中矣.

子曰(자왈), 博學而篤志(박학이독지)하고 切問而近思(절문이근사)면 仁在其中矣(인재기중의)니라.

Learning broadly and firmly relating what one has learned, being incisive in one's questioning and able to reflect upon what is near at hand- Goodness should be found in this.

- 博: 넓을 박. 博識 博士 • 篤: 돈독할 독. 敦篤

6. 먼저 옛 학문을 배워라

순자가 말하였다. "높은 산에 오르지 않으면 하늘이 얼마나 높은지 모르며, 깊은 골짜기에 가보지 않으면 땅이 얼마나 깊은지 모른다. 조상들이 남긴 말을 듣지 않으면 학문이 얼마나 큰지를 알지 못한다."

荀子云, 不登高山, 不知天之高也. 不臨深, 不知地之厚也. 不聞先王之遺言, 不知學問之大也.

荀子云(순자운), 不登高山(불등고산)이면 不知天之高也(부지천지고야)요 不臨深(불임심)이면 不知地之厚也(부지지지후야)요, 不聞先王之遺言(불문선왕지유언)이면 不知學問之大也(부지학문지대야)니라.

Unless you climb the mountain, you would never know the heights of the sky. And unless you enter into an abysmal ravine, you would never know the depth of it. Like the preceding, you would never know the broadness of learning, unless you learn your ancestor's words left.

• 荀: 풀이름 순 • 臨: 임할 임

7. 어려서 배우지 않으면 나중에 후회한다

태공이 말하였다. "아들을 제때에 가르치지 않으면 자라서 반드시 난폭하고 어리석게 되며, 딸을 제때에 가르치지 않으면 자라서 반드시 거칠고 솜씨가 없어진다."

太公曰, 男子失教, 長必頑愚, 女子失教, 長必醜疎.

太公曰(태공왈), 男子失教(남자실교)면 長必頑愚(장필완우)하고 女子失教(여자실교)면 長必醜疎(장필추소)니라.

Your son, uneducated on time can not but be stupid and violent in the future, and also your daughter be unrefined and vulgar.

• 완우(頑愚): 분별없고 어리석음.
• 頑: 완고할 완, 분별없을 완
• 愚: 어리석을 우 • 醜: 추할 추
• 疎: 성길 소

8. 배워서 지혜를 넓혀라

장자가 말하였다. "사람이 배우지 않는 것은 아무런 방법 없이 하늘을 오르려는 것과 같고, 배워서 지혜가 많아지면 구름을 헤치고 푸른 하늘을 보면서 높은 산을 올라 온 세상을 바라보는 것과 같다."

莊子曰, 人之不學, 如登天而無術, 學而智遠, 如披祥雲而覩青天, 登高山而望四海.

莊子曰(장자왈), 人之不學(인지불학)은 如登天而無術(여등천이무술)하고 學而智遠(학이지원)이면 如披祥雲而覩青天(여피상운이도청천)하고 登高山而望四海(등고산이망사해)니라.

If a man does not gain knowledge, it's just like he would take no talents to heaven. If he gains deep wisdom from learning, it seems that he is able to penetrate the auspicious clouds and look into the blue skies of heaven, from where he can look down all around the sea from the top of high mountain.

• 智遠(지원): 지혜가 멀리까지 미침. • 四海(사해): 온 세상.
• 術: 재주 술 • 遠: 멀 원 • 披: 헤칠 피 • 祥: 상서로울 상
• 覩: 볼 도 • 雲: 구름 운. 雨와 云이 결합한 형성문자.

9. 오늘 할 일을 내일로 미루지 말라

주자가 말하였다. "오늘 배우지 않으면서 내일이 있다고 말하지 말며, 올해에 배우지 않고서 내년이 있다고 말하지 말라. 세월은 흘러 나를 기다려 주지 않는다. '아, 늙었구나! 이것이 누구의 허물인가?' 하

고 한탄한들 아무 소용이 없다.”

朱子曰, 勿謂今日不學而有來日, 勿謂今年不學而有來年. 日月逝矣. 歲不我延 嗚呼老矣是誰之愆.

朱子曰(주자왈), 勿謂今日不學而有來日(물위금일불학이유내일)하며 勿謂今年不學而有來年(물위금년불학이유내년)하라. 日月逝矣(일월서의)라 歲不我延(세불아연)이니 嗚呼老矣是誰之愆(오호노의시수지건)고.

Never put off till tomorrow what you can learn today, and furthermore next year, what you can this year. The time could not wait for you. It could be no use in regretting of waste time and your fault.

• 謂: 이를 위 • 逝: 갈 서 • 歲: 해 세 • 延: 끌 연

10. 잡초 같은 인생이 되지 말라

휘종황제가 말하였다. “배운 자는 벼 곡식과 같고, 배우지 않은 자는 쑥대 풀과 같다. 벼 곡식은 나라의 좋은 양식이자 세상의 큰 보배이고, 쑥대 풀은 농사짓는 자가 미워하고 김매는 자를 괴롭힌다. 훗일 담장을 마주하듯 답답할 때 후회하지만 그 때는 이미 늦다.”

徽宗皇帝曰, 學者, 如禾如稻, 不學者, 如蒿如草. 如禾如稻兮, 國之精糧, 世之大寶. 如蒿如草兮, 耕者憎嫌, 鋤者煩惱. 他日面墻, 悔之已老.

徽宗皇帝曰(휘종황제왈), 學者(학자)는 如禾如稻(여화여도)하고 不學

者(불학자)는 如蒿如草(여호여초)로다. 如禾如稻兮(여화여도혜)여 國之精糧(국지정량)이요 世之大寶(세지대보)로다. 如蒿如草兮(여호여초혜)여 耕者憎嫌(경자증혐)하고 鋤者煩惱(서자번뇌)니라. 他日面墻(타일면장)에 悔之已老(회지이로)로다.

The learned is like the rice plant, while the unlearned is the mug-wort field. The learned, like well-ripen grain, could be precious treasure to the country, while the unlearned, like the harmful mug-wort to farmers, could be harmful and violent. It would be too late when you regret and be attacked by foes on all sides.

- 徽宗皇帝(휘종황제): 북송의 8대 황제
- 精糧(정량): 좋은 양식 • 憎嫌(증혐): 미워하고 싫어함
- 煩惱(번뇌): 귀찮고 괴로워함 • 徽: 아름다울 휘 • 皇: 임금 황
- 帝: 임금 제 • 稻: 벼 도 • 蒿: 쑥 호 • 耕: 갈 경
- 憎: 미워할 증 • 嫌: 혐오할 혐 • 鋤: 호미 서
- 煩: 번뇌할 번 • 惱: 번뇌할 뇌 • 墻: 담 장 • 悔: 뉘우칠 회

11. 좋은 옥도 다듬어야 보배가 된다

『예기』에 말하였다. "제아무리 크고 질이 좋은 옥이라 하더라도 갈고 다듬지 않으면 그릇을 만들 수 없고, 좋은 환경에서 태어난 사람이라도 배우지 않으면 도리를 모른다."

禮記曰, 玉不琢不成器, 人不學不知義.

禮記曰(예기왈), 玉不琢(옥불탁)이면 不成器(불성기)하고 人不學(인불학)이면 不知義(부지의)니라.

If you do not cut stones, you can not make stoneware. If you do not gain knowledge, you would never know what is right.

- 禮: 예도 례 • 琢: 쫄 탁. 切磋琢磨 • 器: 그릇 기
- 義: 옳을 의. 正義 義人

12. 학문에는 때가 있으니 일 분 일 초라도 아껴라

소년은 늙기 쉽고 학문은 성취하기 어려우니 짧은 시간이라도 가벼이 해서는 안 된다. 아직 연못가의 풀은 봄의 꿈에서 깨어나지 못했는데 섬돌 앞의 오동나무는 가을의 소리를 낸다.[1]

少年易老學難成, 一寸光陰不可輕. 未覺池塘春草夢, 階前梧葉已秋聲.

少年(소년)은 易老(이로)하고 學難成(학난성)이니 一寸光陰(일촌광음)인들 不可輕(불가경)이라. 未覺池塘春草夢(미각지당춘초몽)하여 階前梧葉(계전오엽)이 已秋聲(이추성)이라.

Easy is to become old, difficult to accomplish learning. Never waste your time. Before the grasses around the pond begin to realize and enjoy the spring, the empress tree around the stone steps already makes a sound of autumn.

- 촌음(寸陰): 아주 짧은 시간
- 輕: 가벼울 경

1) 청춘이 언제까지나 계속될 줄 알았는데 어느 새 인생은 황혼기에 접어든다는 경계의 말이다.

13. 배우지 않으면 인생이 어둔 밤길 같다

태공이 말하였다. "사람은 배우지 않으면 마치 캄캄한 밤길을 가는 것과 같다."

太公曰, 人生不學, 如冥冥夜行.

太公曰(태공왈), 人生不學(인생불학)이면 如冥冥夜行(여명명야행)이니라.

If a man does not gain knowledge, he will remain in the dark, and it will be as if he were walking along a dark path.

• 冥: 어두울 명 • 야행(夜行): 밤길을 감

14. 배우는 게 힘이다

공자가 말하였다. "최상의 사람은 태어나면서부터 아는 사람인데 이는 성인이 아니면 불가능한 일이며, 그 다음 급은 배워서 아는 사람인데 이 역시 우월한 사람이다. 보통 사람은 고생하면서 배워 알아야 하며, 고생이 싫어서 배우지 않는다면 그런 사람이야말로 하등의 사람이다."

子曰, 生而知之者上也. 學而知之者次也. 困而學之又其次也. 困而不學民斯爲下矣.

子曰(자왈), 生而知之者(생이지지자)는 上也(상야)요 學而知之者(학이지지자)는 次也(차야)요. 困而學之(곤이학지)는 又其次也(우기차야)니 困而不學(곤이불학)이면 民斯爲下矣(민사위하의)니라.

Those who are born understanding it are the best, those who come to understand it through learning are second. Those who find it difficult to understand and yet persist in their studies come next. People who find it difficult to understand but do not even try to learn are the worst of all.

• 困: 괴로울 곤 • 而: 말 이를 이 • 斯: 이 사

15. 배우지 않으면 미래가 없다

한문공이 말하였다. "사람이 고금(古今)의 일을 알지 못하면 말과 소에 옷을 입힌 것과 같다.

"韓文公曰, 人不通古今, 馬牛而襟裾.

韓文公曰(한문공왈), 人不通古今(인불통고금)이면 馬牛而襟裾(마우이금거)니라.

If one does not learn, it's the same as a cow or horse wearing clothes.

• 韓文公(한문공): 당나라 학자. 이름은 유(愈)
• 古今(고금): 옛날과 현재의 학문과 사실(史實)
• 襟: 옷깃 금 • 裾: 옷자락 거

▶ 하루라도 공부하지 않으면 입에 가시가 돋는다(一日不讀書, 口中生荊棘)는 안중근의사의 말처럼 배움의 중요성을 강조하고 있다. 공자는 15세에 일생을 학문에 바치기로 결심하였고(志學), 30세에 이르러 학문의 기초를 확립하였으며(而立), 40세에는 학문에 자신을 얻어 미혹됨이 없게 되었다고 말했다(不惑). 성인도 저절로 만들어진 것이 아니라, 어려서부터의 확고한 계획과 각고의 노력의 실천에 의해 한 걸음씩 높은 경지로 다가서는 것이다.

배움의 중요성과 함께 때를 놓치지 말고 배워야 함을 강조한 것으로 사람이 나이와 지위고하를 막론하고 늘 배우는 자세를 유지해야 함은 물론이다. 나이가 들어서도 배움을 계속한다는 것은 생각을 넓고 깊게 만드는 과정이며 자기와의 분투이지만, 젊었을 때의 배움이란 한평생의 정신적 성장을 위한 바탕을 마련하는 작업이다.

사람이 배우는 까닭은 단지 더 많은 지식을 얻기 위하는 것 뿐만 아니라 의(義)를 알고 덕성과 지혜를 쌓기 위한 것이다.

중국의 이름난 시인 이백은 어려서 당시에 꼭 읽어야 했던 사서삼경에는 흥미를 못 붙이고 틈만 나면 놀기 일쑤였다고 한다. 하루는 큰 길가에서 놀다가 숫돌에 쇠공이를 갈고 있는 할머니를 보고 놀란 그가 할머니에게 다가가 물었다. "할머니, 이걸로 뭘 만듭니까?" "이걸 갈아서 바늘을 만들 것이다." "바늘을 만든다고요?" 총명하기로 이름난 이백이었지만 쇠공이를 갈아서 바늘을 만든다는 소리에 갸우뚱해졌다. "할머니, 이렇게 큰 쇠공이를 언제 갈아 바늘을 만듭니까?" "얘, 이 쇠공이가 크긴 하지만 내가 매일 갈고 있지 않느냐. 이렇게 매일같이 갈고 또 가는데 바늘이 되지 않을 턱이 있나!" 그제야 어린 이백은 깨닫고 그 길로 바로 글방으로 달려가 지금까지 재미없게 생각한 책을 읽고 또 읽어 영원한 시인으로 남게 되었다고 한다.

7. 훈자편(訓子篇) 15조

금전보다는 자녀교육이 더 중요하며 교육의 방법은 가장 엄격하면서도 올바른 길(正道)을 걸어야 한다는 좋은 말(嘉言)들을 나열하여 자식 교육의 중요성을 강조하고 있다(맹모삼천지교, 맹모단기).

1. 책을 읽는 즐거움을 알라

가장 즐거운 일은 책을 읽는 것이요, 가장 필요한 일은 자식을 가르치는 것이다.

至樂莫如讀書, 至要莫如教子.

至樂(지락)은 莫如讀書(막여독서)요 至要(지요)는 莫如教子(막여교자)니라.

The most joyful is reading books, the most necessary is educating children.

- 至: 이를 지 • 莫: 없을 막 • 讀: 읽을 독

2. 아무리 쉬운 일도 노력해야 한다

장자가 말하였다. "아무리 작은 일이라도 하지 않으면 이루어지지 않고, 자식이 비록 어질더라도 가르치지 않으면 현명하지 못하게 된다."

莊子曰, 事雖小不作, 不成. 子雖賢不敎, 不明.

莊子曰(장자왈), 事雖小(사수소)나 不作(부작)이면 不成(불성)이요. 子雖賢(자수현)이나 不敎(불교)면 不明(불명)이니라.

Even little jobs would never get done if you would not do them. Even kind-hearted children would not be wise if you would not teach them.

• 莊: 장엄할 장 • 雖: 비록 수 • 賢: 어질 현

3. 자식을 가르치는 것은 어버이의 책임이다

사마온공이 말하였다. "아들을 기르면서 가르치지 않는 것은 아버지의 허물이요, 가르쳐 바른 길로 인도함에 엄하지 않음은 스승이 게을러서이지만, 스승이 엄하고 아버지가 가르쳐서 두 가지에 잘못이 없는데도 학문을 이루지 못한 것은 아들의 죄이다. 따뜻한 옷을 입고 배불리 먹으면서 사람들 틈에 끼어서 웃고 이야기만 하면, 높이 오르려 해도 하류에도 미치지 못하게 되고, 똑똑한 인재를 만나면 말이 통하지 않는다."

司馬溫公曰, 養子不敎父之過, 訓導不嚴師之惰, 師嚴不敎兩無外, 學問不成子之罪. 煖衣飽食居人倫, 視我笑談如土塊, 攀高不及下品流, 梢遇賢材無與對.

司馬溫公曰(사마온공왈), 養子不敎(양자불교)는 父之過(부지과)요 訓導不嚴(훈도불엄)은 師之惰(사지타)어니와 師嚴不敎兩無外(사엄불교양무외)에 學問不成(학문불성)은 子之罪(자지죄)라. 煖衣飽食居人倫(난의포식거인륜)하여 視我笑談如土塊(시아소담여토괴)면 攀高不及下品流(반고불급하품류)하고 梢遇賢材無與對(초우현재무여대)라.

It is father's fault that not educating son, and it is teacher's laziness that not strict enough to guide right way. Tough nothing wrong with those two reasons, and the son could not accomplish his learning, the fault is the son's. He could not belong to upper class, tough he be in good condition in life. And also he could not be communicated with the learned.

- 溫: 따뜻할 온 • 訓: 가르칠 훈 • 導: 이끌 도 • 煖: 따뜻할 난
- 飽: 물릴 포 • 塊: 흙덩이 괴 • 攀: 더위잡을 반 • 梢: 나무 끝 초
- 遇: 만날 우

4. 사랑하는 자식에게는 매를 들어라

사랑하는 아이에게는 매를 많이 때리고, 미운 아이에게는 먹을 것을 많이 주어라.

憐兒多與棒, 憎兒多與食.

憐兒(연아)어든 多與棒(다여봉)하고 憎兒(증아)어든 多與食(다여식)하라.

If you love your children, don't spare the rod. And if you hate your children, feed them well.

- 憐: 가련할 련. 憐憫. 隣: 이웃 린.
- 棒: 몽둥이 봉. 木과 奉이 결합한 형성문자

5. 자식을 엄하게 가르쳐라

아버지가 엄하면 효자를 두고, 어머니가 엄하면 효녀를 둔다.

嚴父出孝子, 嚴母出孝女.

嚴父(엄부)는 出孝子(출효자)하고 嚴母(엄모)는 出孝女(출효녀)니라.

A strict father will raise dutiful sons and a strict mother will raise dutiful daughters.

- 嚴: 엄할 엄

6. 자식을 가르치지 않으면 어리석어진다

백시랑이 아들 문을 타일렀다. "논밭이 있는데도 농사짓지 않으면 창고가 비게 되고, 책이 있는데도 가르치지 않으면 자손이 어리석게 된다. 창고가 비면 한 해 먹고 살기가 부족하고, 자손이 어리석으면 예의가 없게 된다. 만약 농사짓지 않고 가르치지 않는다면 이는 아버지의 허물이 아니겠는가?"

白侍郎, 勉子文曰, 有田不耕, 倉廩虛, 有書不敎, 子孫愚. 倉廩虛兮, 歲月乏, 子孫愚兮, 禮義疎. 若惟不耕與不敎, 是乃父兄之過歟.

白侍郎(백시랑)이 勉子文曰(면자문왈), 有田不耕(유전불경)이면 倉廩虛(창름허)하고 有書不敎(유서불교)면 子孫愚(자손우)라. 倉廩虛兮(창름허혜)여 歲月乏(세월핍)이요 子孫愚兮(자손우혜)여 禮義疎(예의소)로다. 若惟不耕與不敎(약유불경여불교)면 是乃父兄之過歟(시내부형지과여)니라.

The storage would be empty if you do not cultivate your farm. Your children would be silly and stupid if you do not educate them though having many books in your bookshelf. You would be starving with empty storage. Silly children would lose dignity and courtesy. Therefore no persuading for farming and education must be the father's fault.

• 耕: 밭갈 경 • 廩: 창 름 • 乏: 가난할 핍 • 疎: 트일 소

7. 황금 유산보다도 음덕 유산이 값지다

사마온공이 말하였다. "금을 모아 자손에게 남겨 주더라도 반드시 자손이 다 지키지 못할 것이요, 책을 모아서 자손에게 남겨 주더라도 반드시 자손이 다 읽지 못할 것이니, 남이 모르는 가운데 덕을 쌓아서 자손을 위하는 것이 가장 좋은 일이다."

司馬溫公曰, 積金以遺子孫, 未必子孫, 能盡守, 積書以遺子孫, 未必子孫, 能盡讀, 不如積陰德於冥冥之中, 以爲子孫之計也.

司馬溫公曰(사마온공왈), 積金以遺子孫(적금이유자손)이라도 未必子孫(미필자손)이 能盡守(능진수)오 積書以遺子孫(적서이유자손)이라도 未必子孫(미필자손)이 能盡讀(능진독)이니 不如積陰德於冥冥之中(불여적음덕어명명지중)하여 以爲子孫之計也(이위자손지계야)이니라.

No matter how much money you make to give to your children, they can't keep it forever. No matter how many books you collect to pass on to them, they can't read them all. It is thus better for you to do kind acts in secret and let your children be better off because of them.

- **司**: 맡을 사. 司道 司令 司令官 司法
- **積**: 쌓을 적. 山積 積極 積債
- **遺**: 남길 유. 遺言 遺物 遺跡 遺産
- **盡**: 다할 진. 極盡 曲盡 未盡
- **守**: 지킬 수. 守備 守節 攻守
- **冥**: 어두울 명. 冥福 冥府 冥想 冥界
- **計**: 셀 계, 꾀 계. 計劃 計算 計巧 計策
- **溫**: 따뜻할 온. 물(水)을 해(日)가 비치는 곳에 그릇(皿)에 담아 놓으면 따뜻해진다는 뜻이다.

8. 태공의 아홉 가지 교훈

무왕이 말하였다. "그 자세한 말을 모두 듣고 싶습니다." 태공이 말하였다. "자식을 낳아 기르기만 하고 교육을 시키지 않는 것이 첫 번째 잘못이고, 아이 때부터 교훈을 시키지 않는 것이 두 번째 잘못이며, 처음 새색시를 맞이했을 때 엄하게 가르치지 않는 것이 세 번째 미

련한 일이고, 남이 말하기 전에 먼저 웃음부터 웃는 것이 네 번째 실수이고, 부모를 공양하지 않는 것이 다섯 번째로 인륜에 어긋나는 짓이고, 밤중에 알몸으로 일어나는 것이 여섯 번째로 상서롭지 못한 짓이고, 남의 무기를 자기가 쓰기를 좋아하는 것이 일곱 번째로 종의 행세를 하는 것이고, 남의 말을 빌려 타기를 좋아하는 것이 여덟 번째로 천한 짓이며, 남의 술을 얻어먹으면서 그 술을 남에게 권하는 것이 아홉 번째로 어리석은 것이며, 남의 밥을 얻어먹으면서 친구에게 명령하는 것이 열 번째로 지나치게 강한 것입니다." 무왕이 말하였다. "참으로 아름답고 믿을 만한 말씀입니다."[1]

武王曰, 願悉聞之, 太公曰, 養男不教訓, 爲一錯. 嬰孩不訓, 爲二誤. 初迎新婦不行嚴訓, 爲三痴. 未語先笑爲

---

1) 옛날 어느 마을에 아주 게으른 아들을 둔 부자가 있었다. 그는 죽을 때가 되자 아내를 불러 아들이 금전 한 닢을 벌어와야만 재산을 물려주겠다고 했다. 다음날 아침에 아들은 어머니가 준 금전 한 닢을 가지고 아버지에게 갔다. 그러자 아버지는 "이건 네가 번 돈이 아니야"라며 화로 속에 던져 버렸다. 다음날 어머니는 또다시 금전 한 닢을 주며 이번에는 옷도 더럽히고 땀도 묻혀 들여보냈다. 그러나 이번에도 아버지는 금전을 불 속에 던져 버렸다. 그때 어머니는 잘못을 깨닫고 아들에게 직접 돈을 벌어오라고 했다. 빈손으로 집을 나간 아들은 일주일 내내 막일을 했다. 겨우 금전 한 닢을 벌었지만 마음은 뿌듯했다. 아들은 당장 집으로 달려가 아버지 앞에 금전을 내놓았다. 그러나 아버지는 이번에도 금전을 불 속에 던져 버렸다. 아들은 깜짝 놀라며 불 속에 손을 넣어 금전을 꺼냈다. "아버지 너무하십니다. 이 돈을 버느라 제가 얼마나 고생한 줄 아십니까!" 그 모습을 가만히 지켜보던 아버지는 빙그레 웃으며 말했다. "그래 이번에야 말로 네가 번 돈이 틀림없구나." 농부는 밥풀 하나도 허술히 하지 않는다. 자신이 수고하여 가꾼 쌀 한 톨에 배어 있는 땀과 정성과 자연의 이치를 알기 때문이다. 태공은 무왕의 물음에 대해 세세한 조목을 빠짐없이 설명하면서 주위를 환기시키고 있는 것처럼 만사에 소홀함이 없이 정성된 마음을 다하면 성공은 자연스럽게 이루어지는 것이다.

四失. 不養父母爲五逆. 夜起赤身, 爲六不詳. 好挽他弓, 爲七奴. 愛騎他馬爲八賤. 喫他酒勸他人, 爲九愚. 喫他飯命朋友爲十强. 武王曰, 甚美誠哉. 是言也.

武王曰(무왕왈), 願悉聞之(원실문지)니이다. 太公(태공)이 왈, 養男不教訓(양남불교훈)이 爲一錯(위일착)이요. 嬰孩不訓(영해불훈)이 爲二誤(위이오)요. 初迎新婦不行嚴訓(초영신부불행엄훈)이 爲三痴(위삼치)요. 未語先笑爲四失(미어선소위사실)이요. 不養父母爲五逆(불양부모위오역)이요. 夜起赤身(야기적신)이 爲六不詳(위육불상)이요. 好挽他弓(호만타궁)이 爲七奴(위칠노)요. 愛騎他馬爲八賤(애기타마위팔천)이요. 喫他酒勸他人(끽타주권타인)이 爲九愚(위구우)요. 喫他飯命朋友爲十强(끽타반명붕우위십강)이니이다. 武王曰(무왕왈), 甚美誠哉(심미성재)라 是言也(시언야)여.

King said, "I want to hear all about them in detail." The teacher said, "The first fault is just bringing up children, and never educating them. The second is no train children in infancy so that they might able to manage work very well when grownups The stupid third is not to sternly teach his wife form the start when married. The fourth mistake is to laugh before other's beginning to speak. The fifth immorality is not to support one's parents. The sixth indignity is getting up at night and going around naked. The seventh disgrace is enjoying the use of other's weapon The eighth rudeness is enjoying riding on other's horse. The ninth silliness is offering other's liquor to someone else to drink. The tenth too wicked is ordering a friend to do something while one lives on with other's food. King said, "They are really worthy words."

- 夜起赤身(야기적신): 밤에 벌거숭이로 일어남
- 喫他飯命朋友(끽타반명붕우): 남의 술을 얻어먹으면서 다른 사람에

게 권함

- 願: 원할 원 • 悉: 다 실 • 聞: 들을 문 • 養: 기를 양
- 錯: 그릇될 착 • 嬰: 어린아이 영 • 嬰: 갓난아이 영
- 孩: 어릴 해 • 誤: 그릇될 오 • 迎: 맞이할 영 • 嚴: 엄할 엄
- 痴: 어리석을 치 • 祥: 상서로울 상 • 挽: 당길 만
- 驕: 교만할 교 • 喫: 먹을 끽
- 誠: 정성 성. 言과 成이 결합한 형성문자
- 敎: 가르칠 교. 孝와 攵가 결합한 회의문자. 효도하는 자식을 만들려면 매로 치면서 가르쳐야 한다는 뜻
- 逆: 거스릴 역. 거슬러 가므로 간다는 뜻의 辶이 들어감

9. 모든 일에는 계획이 선행되어야 한다

『공자삼계도』에 말하였다. "일생의 계획은 어릴 때에 있고, 일 년의 계획은 봄에 있고, 하루의 계획은 새벽에 있으므로 어려서 배우지 않으면 늙어서 아는 것이 없고, 봄에 밭을 갈아 씨 뿌리지 않으면 가을에 수확할 것이 없고, 새벽에 일찍 일어나지 않으면 그날의 할 일을 판단하지 못한다."

孔子三計圖云, 一生之計在於幼, 一年之計在於春, 一日之計在於寅, 幼而不學, 老無所知. 春若不耕, 秋無所望. 寅若不起, 日無所辨.

孔子三計圖云(공자삼계도운), 一生之計(일생지계)는 在於幼(재어유)하고 一年之計(일년지계)는 在於春(재어춘)하고 一日之計(일일지계)는 在於寅(재어인)이니 幼而不學(유이불학)이면 老無所知(노무소지)요. 春若不耕(춘약불경)이면 秋無所望(추무소망)이요. 寅若不起(인약불기)

면 日無所辨(일무소변)이니라.

Your life's plans are made at youth. Tour yearly plans are made at dawn. If you don't study in your youth, then you would know nothing, when you were aged. If you don't plow your fields in the spring you would have nothing in the fall. If you don't wake up at dawn, you would do nothing all day.

- 寅: 인시(寅時)를 말한다. 인시는 새벽 3시-5시이다.
- 日無所辨(일무소변): 그 날에 힘써 할 일이 없음
- 圖: 그림 도 • 幼: 어릴 유 • 計: 셀 계
- 寅: 범 인, 새벽 인 • 辦: 힘 쓸 판

10. 가르침이 없으면 어리석음이 따른다

『경행록』에 말하였다. "손님이 찾아오지 않으면 집안이 비속해지고, 『시경』과 『서경』을 가르치지 않으면 자손이 어리석어진다."

景行錄云, 賓客不來, 門戶俗, 詩書無教, 子孫愚.

景行錄云(경행록운), 賓客不來(빈객불래)하면 門戶俗(문호속)하고 詩書無教(시서무교)하면 子孫愚(자손우)니라.

No guests prevails meaness in your home, no teaching poetry and writing makes your children stupid.

- 錄: 기록할 록 • 賓: 손님 빈 • 俗: 풍속 속
- 詩: 글 시 • 愚: 어리석을 우

11. 한 가지 기술이 천금보다 낫다

『한서』에 말하였다. "황금이 궤짝에 가득 차 있더라도 자식에게 『경서(經書)』 한 권을 가르치는 것만 같지 못하고, 자식에게 천금(千金)을 물려주는 것보다 한 가지 기술을 가르치는 것이 훨씬 낫다."[2]

漢書云, 黃金滿盈, 不如敎子一經. 賜子千金, 不如敎子一藝.

漢書云(한서운), 黃金滿盈(황금만영)이 不如敎子一經(불여교자일경)이요. 賜子千金(사자천금)이 不如敎子一藝(불여교자일예)니라.

Having your closets filled with gold is not worthy much as teaching your children one of the Confucian classics. All the gold which you give to your children is not worthy less than teaching them one art.

- **漢書(한서)**: 前漢의 역사를 기록한 책.
- **滿盈(만영)**: 상자에 가득함
- **滿**: 찰 만 • **盈**: 찰 영. 그릇에 가득 참
- **賜**: 줄 사 • **藝**: 재주 예

---

2) 옛날에 가난한 형제가 살고 있었는데, 농사일에 열심인 형과 달리 동생은 노름판을 전전하고 다녔다. 어느 날 벼락부자가 된 동생이 찾아와 큰돈을 내놓으며 거드름을 피웠다. 죽으로 저녁을 때우던 형은 단호하게 거절하며 말했다. "난 지금 비록 죽으로 끼니를 삼고 살지만 행복하단다. 한 포기 벼가 자라는 데도 일 년 스물 네 절기를 알아야 하고, 하늘과 땅의 기운을 느껴야 한다. 그리고 내가 흘린 땀만큼 낱알이 늘어나고 품앗이로 이웃과 정을 나누는 게 큰 즐거움이다. 그래서 비록 가난하게 살았지만 농사일만은 정성으로 가르쳐주신 부모님께 감사한다."라고 하였다. 같은 부모 밑에서도 누구는 잔꾀와 편법을 배우고 누구는 삶을 살아가는 올바른 도리를 배운다는 교훈을 알 수 있다.

12. 장성하면서 지나친 오락이나 술로 바깥출입을 즐기지 말라.

남자가 나이를 먹으면 풍류나 술을 배우지 않도록 하고, 여자가 나이를 먹으면 놀러 다니지 않도록 하라.

男年長大, 莫習樂酒, 女年長大, 莫令遊走.

男年長大(남년장대)어든 莫習樂酒(막습락주)하고 女年長大(여년장대)어든 莫令遊走(막령유주)하라.

As a young man grows, don't let him learn to flirt or drink. As a young girl grows, don't let her wander or play about.

• 유주(遊走): 놀러 다님. • 樂: 즐길 락, 풍류 악 • 遊: 놀 유

13. 돈 보다 어질고 현명한 자손을 사랑하라

사람은 누구나 다 주옥(珠玉)을 사랑하지만 나는 자손의 어진 것을 사랑한다.[3]

---

3) 옛날에 만석꾼으로 이름난 부자가 있었다. 값진 보화에 아름답고 어진 부인까지 얻어 남부러울 게 없었다. 그런 부자에게도 한 가지 소원이 있었으니 아들을 얻는 것이었다. 백일지성 끝에 떡두꺼비 같은 아들을 얻자 부자는 날아갈 듯 기뻤다. 그런데 산고를 못 이긴 부인이 몇 년 만에 죽고 말았다. 부자는 슬픔에 빠져 술로 허송했다. 나날이 줄어드는 가산에도 아랑곳하지 않았다. 어느 해 큰 기근이 들자 도둑 떼가 몰려와 모든 재산을 잃고 말았다. 그러나 총명한 아들은 정성으로 아버지를 보살피며 글공부에 더욱 힘썼다. 어느 날 소식을 듣고 찾아온 친구에게 부자는 아들을 소개하며 "나는 모든 것을 잃었지만 가장 값지고

人皆愛珠玉, 我愛子孫賢.

人皆愛珠玉(인개애주옥)이나 我愛子孫賢(아애자손현)이니라.

Many people love jewels commonly, But I love my decendants' good-nature.

• 珠: 구슬 주. 玉과 朱가 결합한 형성문자

14. 모든 것은 때가 있다

도연명이 시(詩)에서 말하였다. "좋은 나이는 거듭 오지 아니하고, 하루에 새벽이 두 번 있지 않다. 때가 되거든 마땅히 학문에 힘쓰라. 세월은 사람을 기다리지 않는다."

陶淵明詩云, 盛年不重來, 一日難再晨, 及時當勉勵. 歲月不待人.

陶淵明詩云(도연명시운), 盛年(성년)은 不重來(부중래)하고 一日(일일)은 難再晨(난재신)이니 及時當勉勵(급시당면려)하라. 歲月(세월)은 不待人(부대인)이라.

Good and young years would not come twice in one's life, and dawn would not come twice a day. If there come good times, never waste time. It never would wait for you.

• 陶: 질그릇 도 • 淵: 못 연 • 晨: 새벽 신 • 勵: 힘쓸 려

귀한 것만은 잃지 않았네."라고 하였다고 한다.

15. 집안에 어진 부모가 있고, 밖에 엄한 스승이 있어야 성공한다

여영공이 말하였다. "집안에 어진 부모 형제가 없고, 밖에 엄한 스승과 벗이 없는데도 성공한 사람은 드물다."

呂榮公曰, 內無賢父母, 外無嚴師友而能有成者鮮矣.

呂榮公曰(여영공왈), 內無賢父母(내무현부모)하고 外無嚴師友(외무엄사우)인데 而能有成者(이능유성자)는 鮮矣(선의)니라.

Few men are able to attain their purposes without benevolent parents at home and stern teachers and good friends out of home.

- 呂滎公(여영공): 북송의 학자. 이름은 희철. 형공은 시호.
- 滎: 물이름 형 • 賢: 어질 현 • 鮮: 고울 선
- 友: 벗 우. 이 글자는 두 사람이 손을 잡은 모양이다

▶ 여기서는 자녀 교육에 있어 지식과 요령만 주입시키는 것이 아니라 남에게 피해를 주지 않고 인간으로서의 예절을 지키며, 도덕을 준수하며 참되고 올바른 인간으로 거듭나는 교육의 중요성을 역설하였다. 자녀를 교육하는 부모의 태도는 각양각색이지만, 살살 달래거나 조용히 꾸짖는 부모가 있는가 하면 회초리부터 드는 부모가 있다. 그러나 때려도 말을 안 듣는다면 어떻게 해야 할까? 우리 조상들은 잘못을 깨닫지 못하는 자녀에겐 아예 매를 들지 않았다. 그 때문에 자녀는 매를 든 부모의 마음씀씀이에 그만큼 더 깊이 뉘우치고 반성했던 것이다. 매는 아주 조심스럽게 사용할 때만 효과가 있는 법이다. 매를 한 번 드는데도 부모는 지혜로워야 한다. 중요한 것은 방법이 아니라 얼마만큼 자녀의 인격과 장래를 생각하여 제대로 가르치느냐 하는 것이다.

우리나라 최초의 서원인 백운동 서원을 창설한 조선 명종 때 학자인 주세붕(周世鵬, 1495-1554)은 젊은이들에게 말하기를 "글의 뜻을 깊이 연구하고 마음을 다잡아힘써 나아가야하며 잠시도 늦추어서는 안 된다. 봄에 씨앗을 뿌리지 않고 가을에 수확을 할 수 있겠는가? 미래를 준비해야 할 일을 가슴에 새기기만 하고 당장 실천하지 않는다면 아무것도 이룰 수 없다. 사람의 일생에서 공부에 전념할 수 있는 기간은 그리 길지 않다 어른이 되면 그 때에 맞추어 해야 할일이 너무나도 많기 때문이다. 청소년기에 때를 놓치지 말고 열심히 노력하여야 인생이 값지고 노년이 평안하다."고 하면서 젊었을 때의 학문의 중요성을 거듭 강조하고 있다.

또 당나라의 시인 백거이(白居易, 772-846 자는 樂天)는 "밭이 있어도 갈지 않으면 창고가 비게 되고, 책이 있어도 가르치지 않으면 자손은 우매해진다. 창고가 비면 세월을 지내기가 구차하게 되고, 자손이 우매하면 예의에 소홀하게 된다. 오직 갈지 않고 가르치지 않음은 곧 부모의 허물이다."고 말하였다.

8. 성심편(省心篇) 14조

자신에 대한 지나친 관용은 금하고 끊임없는 자성(自省)과 반성으로 본심을 유지하여야 한다. 참는 것이 덕이 되니 분노를 억누르고 인정을 베풀도록 하라는 내용으로, 인간이 태어날 때부터의 성격은 선으로 그 본성을 지키기 위해 격정·격노 등을 억제할 것을 말하고 있다. 또 정신적인 격노로부터 자신의 마음을 제어하고 부드럽고 인자하게 대처하면 번뇌는 멀어진다고 하였다.

1. 정의롭고 떳떳하게 살자

마음이 남을 저버리지 않으면 얼굴에 부끄러운 빛이 없다.

心不負人, 面無慙色.

心不負人(심불부인)이면 面無慙色(면무참색)이니라.

If you would not forget and neglect others, you would be never embarrassed.

- **負**: 질 부. 負擔 勝負 負債 • **負人(부인)**: 남을 저버림
- **慙**: 부끄러울 참

2. 어려웠던 때를 잊어서는 안 된다

『소서』에 이런 말이 있다. "박하게 베풀고 후한 것을 바라는 사람에게는 보답이 없고, 귀하게 된 후에 비천했던 때를 잊는 사람에게는 그 귀함이 오래가지 못한다."

素書云, 薄施厚望者, 不報貴而忘賤者, 不久.

素書云(소서운), 薄施厚望者(박시후망자)는 不報(불보)하고 貴而忘賤者(귀이망천자)는 不久(불구)니라.

He who gives stingily , but in the hope that he would generously repaid, should not be repaid. And the nobleman who forget his own hard times should not be noble long.

- 素: 본래 소 • 薄: 엷을 박 • 厚: 두터울 후 • 報: 갚을 보
- 賤: 천할 천 • 久: 오랠 구. 永久 耐久 長久 悠久
- 素書(소서): 진나라 때 황석공이 장량에게 준 병서(兵書). 흔히 『황석공소서(黃石公素書)』라고 함
- 忘: 잊을 망. 亡과 心이 결합한 형성문자. 마음에서 사라짐

3. 군자는 남의 허물 평하기를 좋아하지 않는다

귀로는 남의 그릇됨을 듣지 않고, 눈으로는 남의 단점을 보지 않으며, 입으로는 남의 허물을 말하지 않아야 군자라고 말할 수 있다.

耳不聞人之非, 目不視人之短, 口不言人之過, 庶幾君子.

耳不聞人之非(이불문인지비)하고 目不視人之短(목불시인지단)하고 口不言人之過(구불언인지과)라야 庶幾君子(서기군자)니라.

Never try to hear other's fault. Never try to see other's defects. Never criticize other's error. If you would do so, you could be called gentleman.

- 聞: 들을 문 • 非: 그릇 비
- 視: 볼 시 • 短: 짧을 단
- 過: 허물 과, 지날 과
- 庶: 뭇 서 • 幾: 몇 기, 거의 기

4. 처자를 사랑하는 것처럼 충효하고, 자신처럼 남을 용서하라

제 처자를 사랑하는 마음으로 부모를 섬긴다면 그 효도는 곧 지극할 것이고, 부귀를 보전하려는 마음으로 임금을 받든다면 그 어디에나 충성 아닌 것이 없다. 남을 책망하는 마음으로 자기 자신을 책망한다면 허물이 적을 것이며, 자기를 용서하는 마음으로 남을 용서한다면 사귐을 온전히 할 수 있을 것이다.

以愛妻子之心, 事親則曲盡其孝. 以保富貴之心, 奉君則無往不忠, 以責人之心, 責己則寡過. 以恕己之心, 恕人則全交.

以愛妻子之心(이애처자지심)으로 事親則曲盡其孝(사친즉곡진기효)요. 以保富貴之心(이보부귀지심)으로 奉君則無往不忠(봉군즉무왕불충)이라 以責人之心(이책인지심)으로 責己則寡過(책기즉과과)요. 以恕己

之心(이서기지심)으로 恕人則全交(서인즉전교)니라.

If you support your parents as same as you do love your wife and children, it will be the utmost filial duty. If you serve your emperor as same as you do protect your wealth, it will be the utmost royalty to him. If you scold yourself as same as you would do others, it will remain no regrets. It you forgive others as same as you would do yourself, it will be good acquaintance.

- 愛: 사랑 애 • 妻: 아내 처 • 盡: 다할 진
- 保: 보전할 보. 保護 保全 保衛
- 寡: 적을 과. 寡少 寡婦
- 衆寡不敵(중과부적): 적은 수효로는 많은 수를 대적하지 못함
- 曲盡(곡진): 극진함

5. 은혜를 널리 베풀어라

『경행록』에 말하였다. "은혜와 의리를 널리 베풀어라. 인생은 어느 곳에서 만날지 모른다. 원한 관계를 맺지 말라. 길 좁은 곳에서 만나면 돌아서 피하기 어렵다.

景行錄曰, 恩義廣施, 人生何處不相逢, 讐怨莫結, 路逢狹處, 難回避.

景行錄曰(경행록왈), 恩義(은의)를 廣施(광시)하라 人生何處不相逢(인생하처불상봉)하니 讐怨(수원)을 莫結(막결)하라 路逢狹處(노봉협처)면 難回避(난회피)니라.

Show mercy to people. Don't bear a grudge against other people, no matter where you live, you will meet them. it is hard to avoid disaster if you meet enemies at a bystreet.

- 難: 어려울 난 • 回: 돌 회 • 處: 살 처 • 逢: 만날 봉
- 讐: 원수 수 • 廣: 넓을 광. 廣場 廣大 廣告
- 施: 베풀 시 施設 布施 實施 施行
- 怨: 원망 원. 怨恨 怨望 怨讐 • 狹: 좁을 협. 狹小
- 避: 피할 피. 避難 避暑 逃避 • 錄: 기록할 록. 記錄 收錄 目錄

6. 사리를 분별하여 의롭게 행동하라

아버지가 근심이 없는 것은 자식의 효도 때문이고, 남편이 번뇌가 없음은 아내가 현명하기 때문이다. 말이 많아서 말로 실수하는 것은 다 술 때문이며, 의가 끊어지고 친한 사이가 멀어지는 것은 오직 돈 때문이다.

父不憂心, 因子孝, 夫無煩惱, 是妻賢. 言多語失, 皆因酒, 義斷親疎, 只爲錢.

父不憂心(부불우심)은 因子孝(인자효)요 夫無煩惱(부무번뇌)는 是妻賢(시처현)이라. 言多語失(언다어실)은 皆因酒(개인주)요 義斷親疎(의단친소)는 只爲錢(지위전)이라.

The father's lack of apprehension arises from his son's filial piety. A husband's lack of worldly desires stemps from his wife's kind-heartedness. It is because of drink that people who talk a lot, end up saying something mischievous. It is because of money that disappearance of righteousness and bad terms with friends.

• 憂: 근심 우 • 煩: 번뇌할 번 • 惱: 번뇌할 뇌 • 賢: 어질 현
• 疎: 성길 소 • 錢: 돈 전, 동전 전. 銅錢 金錢 換錢 • 酒: 술 주

7. 지혜로운 마음으로 너그럽고 떳떳하게 행동하라

손사막이 말하였다. "담력은 크게 가지되 마음가짐은 섬세해야 하고, 지혜는 둥글게 가지되 행동은 떳떳하고 바르게 해야 한다."[1]

孫思邈曰, 膽欲大而心欲小, 知欲圓而行欲方.

孫思邈曰(손사막왈), 膽欲大而心欲小(담욕대이심욕소)하고 知欲圓而行欲方(지욕원이행욕방)이니라.

Be highly ambitious, but be delicate and gentle at heart. Be wise broadly in everything, but be just and fair in action.

• 邈: 멀 막 • 膽: 쓸개 담. 膽力 • 圓: 둥글 원. 圓滿
• 孫思邈(손사막): 당나라 때의 유명한 의원
• 心欲小(심욕소): 마음을 세밀하게 하려고 함
• 行欲方(행욕방): 행동은 방정하게 하려고 함

---

1) 이 문장은 원래 『당서(唐書)』「은일전(隱逸傳)」에 나오는 구절로 문장을 지을 때에만 해당되는 것이 아니라 일상의 삶 속에서 가져야 할 마음가짐, 지켜야 할 행동의 규범으로도 삼을 만한 내용이다. 『논어』「이인(里仁)」편에도 기억할 만한 구절이 있다. '옛 사람은 말을 경솔하게 하지 않았다. 실천이 따르지 못할까 두려워서이다.'

8. 스스로 자랑하지 말라

군자가 말하였다. "스스로 옳다고 여기는 사람은 분명하게 판단하지 못하고, 스스로 만족해하는 사람은 드러나지 않으며, 스스로 뽐내는 사람은 공로가 없어지고, 스스로 자랑하는 사람은 오래 가지 못한다."

君子曰, 自是者不明, 自足者不彰, 自伐者無功, 自矜者不長.

君子曰(군자왈), 自是者(자시자)는 不明(불명)하고 自足者(자족자)는 不彰(불창)하며 自伐者(자벌자)는 無功(무공)하고 自矜者(자긍자)는 不長(부장)이니라.

The one who think he is right can't judge clearly, the one who satisfied himself can't have renown himself, the one who show off himself will lose his credit, and the one who is proud of himself can't last long.

9. 지나친 생각은 정신 건강을 해친다

지나친 생각은 한갓 정신을 상하게 할 뿐이요, 아무 분별없이 하는 막된 행동은 자신에게 도리어 화를 입힌다.

濫想徒傷神, 妄動反致禍.

濫想(남상)은 徒傷神(도상신)이요 妄動(망동)은 反致禍(반치화)니라.

Overflowing in thought like building a castle in the air will ruin one's spirit, and the reckless behavior will cause misfortunes.

• 濫: 넘칠 람 • 禍: 재앙 화
• 妄: 망령될 망
• 濫想(남상): 분수에 넘치는 생각, 외람된 생각

10. 아무리 화가 나도 참아야 한다

한때의 분노를 참으면 백 일 동안의 근심을 면할 수 있다.

忍一時之忿, 免百日之憂.

忍一時之忿(인일시지분)이면 免百日之憂(면백일지우)니라.

If you suppress your prompt anger, you could avoid lots of anxieties.

11. 참는 것이 복이다

참고 또 참아야 하며, 조심하고 또 조심해야 한다. 참지 못하고 조심하지 않으면 작은 일이 크게 된다.

得忍且忍, 得戒且戒. 不忍不戒, 小事成大.

得忍且忍(득인차인)이요 得戒且戒(득계차계)하라. 不忍不戒(불인불계)면 小事成大(소사성대)리라.

Be patient, and be careful over again and again. If you could not do so, the small happening would be a big one.

• 得忍(득인): 참음, 참을 줄을 앎 • 得: 얻을 득
• 忍: 참을 인. 刃과 心이 결합한 형성문자 • 認: 알 인
• 戒: 경계할 계 • 成: 이룰 성 • 城: 재 성 • 盛: 성할 성

우리 속담에 '참을 인(忍) 자 셋이면 살인을 면한다'는 말이 있다. 사실 참는다는 것은 참지 않는 것보다 훨씬 강한 힘을 요구한다. 진정한 강자는 참는 사람인 것이다. 버트런드 러셀은 "참을성이 적은 사람은 그만큼 인생에 약한 사람이다. 한 줄기 샘물이 굳은 땅의 틈바구니를 헤치고 솟아나오듯이 참고 견디는 힘은 언젠가 광명을 얻게 된다. 장애와 곤란은 새로운 힘의 근원이다. 오늘 한 가지 어려운 일을 참고 극복하였으면 그 순간부터 그는 강한 힘의 소유자인 것이다."라고 하였다.

12. 모든 행동의 근본은 참는 것에 있다

자장이 떠나려고 공자에게 하직을 고하면서 말했다. "바라건대 한 말씀 내려 주시면 몸을 닦는 아름다운 길로 삼겠습니다." 공자가 말했다. "모든 행동의 근본은 참는 것이 으뜸이다." 자장이 말했다. "참으면 어떻게 됩니까?" 공자가 말했다. "천자가 참으면 나라에 해가 없고, 제후가 참으면 큰 나라를 이루고, 관리(官吏)가 참으면 그 지위가 올라가고, 형제가 참으면 집안이 부귀하게 되고, 부부가 참으면 일생을 해로할 수 있고, 친구가 참으면 이름을 더럽히지 않고, 자신이 참으면 재해가 없을 것이다."[2]

2) 공자는 이 구절에서 백행(百行)의 근본이 참는 것이라고 하면서 천자가 참았을

子張, 欲行辭於夫子, 願賜一言, 爲修身之美. 子曰, 百行之本, 忍之爲上. 子張曰, 何爲忍之. 子曰, 天子忍之, 國無害, 諸侯忍之, 成其大, 官吏忍之, 進其位, 兄弟忍之, 家富貴, 夫妻忍之, 終其世, 朋友忍之, 名不廢, 自身忍之, 無禍害.

子張(자장)이 欲行(욕행)에 辭於夫子(사어부자)할새 願賜一言(원사일언)이 爲修身之美(위수신지미)하노이다. 子曰(자왈), 百行之本(백행지본)은 忍之爲上(인지위상)이니라. 子張曰(자장왈), 何爲忍之(하위인지)리잇고. 子曰(자왈), 天子忍之(천자인지)면 國無害(국무해)하고 諸侯忍之(제후인지)면 成其大(성기대)하고 官吏忍之(관리인지)면 進其位(진기위)하고 兄弟忍之(형제인지)면 家富貴(가부귀)하고 夫妻忍之(부처인지)면 終其世(종기세)하고 朋友忍之(붕우인지)면 名不廢(명불폐)하고 自身(자신)이 忍之(인지)면 無禍害(무화해)니라.

Zizhang, saying good-by, wanted to hear an advice, "Please, give me a word which I could bear in mind." The Master Kong said, "Patience can be the basis of all." Zizhang said, Then what the patience would guarantee?" The Master Kong said," The emperor be patient, there would be no harm to his country, if the feudal lord so, he could establish a big country, If the official so, his position would go up, if brothers so, their family would be rich and honorable, if husband and wife so, they could make a happy long-life. if a friend so, he would not disgrace his name and if a person himself so, he would never meet with disaster and harm.

• 子張(자장): 공자의 제자 • 夫子: 선생님. 여기서는 공자를 말함

경우, 제후가 참았을 경우, 형제나 부부, 친구사이 또는 자기 자신이 참았을 경우에 얻을 수 있는 좋은 결과를 일일이 설명하고 있다.

- 諸侯(제후): 중국의 고대 봉건제도 하에서 천자로부터 땅을 받아 일정한 지역을 다스리는 사람
- 成其大(성기대): 그 나라가 크게 이루어짐
- 終其世(종기세): 세상을 마침. 곧 백년해로함
- 辭: 하직할 사, 말씀 사, 사양할 사
- 賜: 줄 사 • 修: 닦을 수 • 侯: 제후 후
- 禍: 재화 화 • 忍: 참을 인. 認: 알 인 • 願: 바랄 원
- 友: 벗 우. 두 사람이 손을 잡은 모양
- 進: 나아갈 진. 進出 漸進 進退

13. 참음은 모든 것을 원만하게 한다

자장(子張)이 말했다. "참지 않으면 어떻게 됩니까?" 공자가 말했다. "천자가 참지 않으면 나라가 텅 비게 되고, 제후가 참지 않으면 그 몸을 잃게 되고, 관리가 참지 않으면 형벌에 죽게 되고, 형제가 참지 않으면 각각 헤어져 살게 되고 부부가 참지 않으면 자식들을 외롭게 만들고 친구끼리 참지 않으면 정과 뜻이 서로 갈라지게 되고, 자신이 참지 않으면 근심이 없어지지 않는다." 자장이 말했다. "참으로 훌륭한 말씀입니다. 참는다는 것은 참으로 어려운 일입니다. 사람이 아니면 참지 못할 것이요 참지 않으면 사람이 아닙니다."

子張曰, 不忍則如何. 子曰, 天子不忍, 國空虛, 諸侯不忍, 喪其軀, 官吏不忍, 刑法誅, 兄弟不忍, 各分居, 夫妻不忍, 令子孤, 朋友不忍, 情意疎, 自身不忍, 患不除. 子張曰, 善哉善哉. 難忍難忍, 非人不忍, 不忍非人.

子張曰(자장왈), 不忍則如何(불인즉여하)닛고. 子曰(자왈), 天子不忍

(천자불인)이면 國空虛(국공허)하고 諸侯不忍(제후불인)이면 喪其軀(상기구)하고 官吏不忍(관리불인)이면 刑法誅(형법주)하고 兄弟不忍(형제불인)이면 各分居(각분거)하고 夫妻不忍(부처불인)이면 令子孤(영자고)하고 朋友不忍(붕우불인)이면 情意疎(정의소)하고 自身(자신)이 不忍(불인)이면 患不除(환부제)니라. 子張曰(자장왈), 善哉善哉(선재선재)라. 難忍難忍(난인난인)하여 非人不忍(비인불인)이요 不忍非人(불인비인)이니이다.

“If one would not be patient, what would happen?” The master Kong said,” If the emperor could not be patient, The country would be empty and poor, if the feudal lord so, he would lose his life, If the lord so, he could be punished by law, It brothers so, they would fall apart, if a husband and a wife so, their children could be lonesome, If friends so, the affection and understanding would run away, if a person himself so, the anxiety would never end. Zizhang said, “You are right, master, it is very difficult to be patient. Only the manly man could be patient. and the unable to be patient cannot be called a man.”

- 喪其軀(상기구): 그 몸을 잃음
- 刑法誅(형법주): 형법에 의해서 벌을 받음
- 虛: 빌 허 • 侯: 제후 후 • 軀: 몸 구 • 誅: 벨 주 • 疎: 성길 소
- 除: 덜 제 • 哉: 어조사 재 • 難: 어려울 난 • 友: 벗 우

14. 타인에게는 관대하고 자신에게는 엄하라

범충선공이 자제들을 경계하여 말하였다. “비록 어리석은 사람일지라도 다른 사람을 꾸짖는 데는 사리에 밝고, 비록 총명한 사람일지라도 자신을 용서하는 데는 사리에 어둡다. 마땅히 남을 꾸짖는 마음으

로 자기 자신을 꾸짖고, 자신을 용서하는 마음으로 다른 사람을 용서한다면 비록 성현의 경지에 이르지 못하더라도 근심할 것이 없다."[3]

范忠宣公, 戒革子曰, 人雖至愚, 責人則明, 雖有聰明, 恕己則昏. 爾曹, 但當以責人之心, 責己恕己之心, 恕人則不患不到聖賢地位也.

范忠宣公(범충선공)이 戒革子曰(계혁자왈), 人雖至愚(인수지우)라도 責人則明(책인즉명)하고 雖有聰明(수유총명)이나 恕己則昏(서기즉혼)이라. 爾曹(이조)는 但當以責人之心(단당이책인지심)으로 責己(책기)하고 恕己之心(서기지심)으로 恕人(서인) 則不患不到聖賢地位也(즉불환부도성현지위야)니라.

The foolish could show great tact in criticizing others, and also the wise could be very generous in forgiving himself. Do scold yourself as justly as you would do others, and Do forgive others as generously as you do yourself.

- **雖**: 비록 수 • **患**: 근심 우 • **爾**: 너 이 • **聰**: 귀 밝을 총. 聰明
- **聖**: 성인 성. 聖人 神聖 • **賢**: 어질 현. 賢人 賢明 聖賢
- **范忠宣公(범충선공)**: 북송 철종 때의 재상.

---

3) 인간에게는 자신의 단점보다 타인의 결점이 눈에 잘 띄는 이유에 대해 이하와 같이 설명하고 있다. '사람은 누구나 두 개의 결점 주머니를 가지고 다닌다. 하나는 몸 앞에, 하나는 몸 뒤에. 그런데 앞쪽의 주머니에는 이웃사람의 결점이 가득 들어있고, 뒤쪽의 주머니에는 자기 자신의 결점이 가득 들어 있다. 그러므로 사람들은 자기 자신의 결점에는 눈이 어둡지만 이웃 사람의 결점은 결코 놓치는 법이 없다.'

▶ 현대인은 건강이나 체력 관리 등 몸단장에는 관심이 많지만, 심신 수양과 자신의 끓어 오르는 감정을 다스리는 일에는 소홀하다. 일찍이 공자는 모든 행실의 근본이 참는 것이라고 하며 참았을 경우에 얻을 수 있는 평화와 화목의 결과를 상세하게 논하였다. 우리 속담에도 '참을 인(忍) 자 셋이면 살인을 면한다'는 말처럼 참는 것은 참지 않는 것보다 훨씬 강한 힘을 요구하므로 진정한 강자는 참는 사람이다. 영국의 철학자이자 사회학자인 버트런드 러셀(Bertrand Russell, 1872-1970)은 "참을성이 적은 사람은 그만큼 인생에 약한 사람이다. 한 줄기 샘물이 굳은 땅의 틈바구니를 헤치고 솟아나오듯이 참고 견디는 힘은 언젠가 광명을 얻게 된다. 장애와 곤란은 새로운 힘의 근원이 된다. 오늘 한 가지 어려운 일을 참고 극복하였으면 그 순간부터 그는 강한 힘의 소유자인 것이다."라고 하였다. 이 말처럼 우리는 인내하는데 큰 힘을 발휘하여야 할 것이다.

앞에서도 언급한 것처럼 성심[省心]은 마음[心]을 보살피라[省]는 뜻으로 인간답게 살기위한 참다운 내면의 성찰의 중요성을 논한 것이다. 그래서 성심편에 나타난 자신을 다스리기 위한 기본적인 가르침의 여러 교훈들은 다른 편보다 그 내용이 월등히 많다. 이것은 명심보감이 그만큼 내적 수양에 비중을 두고 있다는 방증이기도 하다. 자기 자신의 상태를 대상으로 할 경우는 넓은 의미에서의 이론적 반성(認識)이고, 행위를 대상으로 할 경우는 실천적 도덕적 반성(良心)이다. 여기에서는 도덕적인 심신수양에 알맞은 말과 일생에 있어서 청소년기의 중요성과 성숙기를 말한 것으로 먼저 "일생의 계획은 어릴 때 달렸고, 일 년의 계획은 봄에 달렸으며 하루의 계획은 새벽에 달려 있다. 어릴 때 배우지 않으면 늙어서 아는 것이 없고, 봄에 농사짓지 않으면 가을에 기대할 곡식이 없다."고 하였다.

또 성숙한 삶에 관하여 말하기를 "나무를 잘 기르면 뿌리가 튼튼하고 가지와 잎이 무성하여 제목을 이루고, 물을 잘 관리하고 보호해야 논밭에 유익하며, 사람을 잘 기르면 식견이 넓고 뜻과 기개가 큰 올바른 인재가 될 수 있으니, 어찌 사람을 잘 기르고 가르치지 않을 수 있겠는가."라고 하였다. 이러한 가르침들은 청년들의 정신적 성장과 배움에 있어서 유익한 것들이다.

그래서 『명심보감』에서도 "①도리가 아닌 재화를 멀리하고 ②정도에 지나치는 술을 경계하여 먹지 말 것이고 ③거처함에 있어서는 반드시 이웃을 가려야하고 ④사귐에 있어서는 반드시 벗을 가려야한다. ⑤질투하는 마음을 일으키지 말아야하고 ⑥헐뜯는 말을 함부로 내뱉질 말라. ⑦골육지친 중에 가난한 자를 소홀히 하지 말고, ⑧부유한 타인을 후하게 하지 말라. ⑨자기를 이기는 데는 부지런함과 검소함을 우선으로 삼을 것이고, ⑩뭇 사람들을 사랑함에는 겸손과 온화함을 으뜸으로 삼아야 한다. ⑪늘 지나간 잘못을 생각하여 다가올 ⑫미래에 허물을 짓지 않을 것을 생각해야 한다."고 하였다.

앞에서도 거론한 것처럼 자기 자신의 상태를 대상으로 할 경우는 넓은 의미에서의 이론적 반성이고, 행위를 대상으로 할 경우는 실천적 도덕적 반성인데, 이론적 반성이 '인식'으로서 나타나든, 실천적 반성이 '양심'으로 나타나든, 반성이라는 것 없이는 인간의 의식이란 있을 수 없다. 이런 의미에서 반성은 인간의 의식을 성립시키는 기본적 작용이라고 할 수 있다.

9. 치정편(治政篇) 15조

다스림에 관한 말을 모은 것으로 특히 관리의 도덕을 강조하고 「치국평천하(治國平天下)」의 요점으로 공정(公正)과 청렴(淸廉)을 논하며 정치의 요체가 애민(愛民)에 있으며, 청렴, 신중, 근면이 그 터전이 되어야 함을 일깨우고 있다.

1. 두 마리 토끼를 쫓을 수 없고 두 임금과 두 남편을 섬길 수 없다

왕촉이 말하였다. "충신은 두 임금을 섬기지 않고, 열녀는 두 남편을 섬기지 않는다."[1]

---

1) 병자호란 때의 일로 인조가 궁궐을 버리고 남한산성으로 피난을 가자 뒤에 처졌던 궁중의 빈궁들과 고위관리들의 부인들도 뒤늦게 피난을 떠나다 남한산성 앞에 진을 치고 있던 청나라군대의 포로가 되었다. 청나라 군대의 모진 심문과 회유 앞에 거의 모든 여인들은 무릎을 꿇고 말았다. 특히 평소에 가장 소리 높여 정절을 다짐한 이참판 부인은 호장의 애첩으로 온갖 호사를 누렸다. 그러나 사람은 닥쳐보아야 안다고 말했던 김승지 부인은 끝까지 정절을 지켜 팔과 다리가 잘린 채 시신으로 버려지게 되었다. 그 후 남한산성 주변의 부녀자들은 구한말까지도 김승지 부인의 넋을 기려 제사를 모셨다고 한다. 두 임금과 두 남편을 섬기지 않는다는 말을 하기는 쉽다.

王燭曰, 忠臣不事二君. 烈女不更二夫.

王燭曰(왕촉왈), 忠臣(충신)은 不事二君(불사이군)이요. 烈女(열녀)는 不更二夫(불경이부)니라.

A subject could not be royal to two kings. Neither could a virtuous woman be royal to two husbands.

- 王燭(왕촉): 전국시대 제나라 사람. 제나라가 연나라에 망하자 항복하라는 권고를 물리치고 자살한 충신
- 燭: 촛불 촉 • 更: 고칠 경
- 烈: 매울 렬. 列과 火가 결합한 형성문자로 불같은 열정이 맵다는 뜻

2. 나라를 다스리는 데는 공평과 청렴이 첫째이다

충자가 말하였다. "나라를 다스리는 데는 공평이 제일이고, 재물에 임해서는 청렴이 제일이다."

忠子曰, 治政莫若平, 臨財莫若廉.

忠子曰(충자왈), 治政(치정)은 莫若平(막약평)이고 臨財(임재)에 莫若廉(막약렴)이니라.

It is difficult for public officials to be fair, and it is difficult for one to be incorrigible when dealing with money.

- 臨財(임재): 재물에 임함. 재물을 다스림
- 治: 다스릴 치
- 臨: 임할 림 • 廉: 청렴 렴

3. 공정함과 청렴으로 다스리라

『경행록』에 말하였다. "정치의 요점은 공정함과 청렴이고, 집안을 일으키는 방법은 검소함과 근면이다."[2]

景行錄云, 爲政之要, 曰公與淸, 成家之道, 儉與勤.

景行錄云(경행록운), 爲政之要(위정지요)는 曰公與淸(왈공여청)이요 成家之道(성가지도)는 儉與勤(검여근)이니라.

The necessary elements of government are fairness and cleanliness. The necessary elements of a proper home are frugality and diligence.

- 儉: 검소할 검 • 勤: 부지런할 근
- 淸: 맑을 청. 水와 靑이 결합한 형성문자로 물이 푸르니 맑다는 뜻

4. 명분과 절의를 중시하라

『경행록』에 말하였다. "대장부는 착함을 보는 데 밝으므로 명분과 절의를 태산보다 무겁게 여기고, 마음 씀이 밝고 깨끗하므로 삶과 죽

2) 조만식 선생은 상상하기 힘들 정도로 검소한 생활을 했다. 그는 무명 두루마기의 고름을 절약하느라 단추를 달았고 모자도 대물림할 수 있도록 말총으로 튼튼히 만들어 썼다. 한번은 중학교를 막 졸업한 아들이 구두 한 켤레를 사 가지고 왔다. 아들이 늘 신고 싶어 하던 구두였지만 그는 구두를 가위로 싹둑싹둑 잘라버리며 아들을 꾸짖었다고 한다. "공부하기 위해서라면 아까울 것이 없다. 그러나 우리 처지에 맞지 않는 사치는 절대 용서할 수 없다." 사람은 작은 것을 소중히 여기며 아낄 줄 알아야 공정하고 청렴한 큰일을 할 수 있다는 것이다.

음을 기러기 털보다 가볍게 여긴다."[3]

景行錄云, 大丈夫見善明故, 重名節於泰山, 用心精故, 輕死生於鴻毛.

景行錄云(경행록운), 大丈夫(대장부)는 見善明故(견선명고)로 重名節於泰山(중명절어태산)하고 用心精故(용심정고)로 輕死生於鴻毛(경사생어홍모)니라.

A manly man be so bright in goodness as to put most importance on moral duty and fidelity to honor. And also be so bright in disposition as to regard his life and death something like a light feather.

• 泰: 클 태 • 鴻: 큰 기러기 홍

5. 관리자는 백성을 존중해야 한다

당태종이 지은 글에 말하였다. "위에는 일을 지시하는 임금이 있고, 중간에는 이 지시에 따라 다스리는 관리가 있고, 아래에는 이 지시를 따르기만 하는 백성이 있다. 모든 관리들은 보수로 받은 비단으로 옷

3) 선조 때의 선비 최영경(崔永慶, 1529-1590)은 학식과 인품이 뛰어난 사람이었지만 벼슬을 탐하지 않기로 유명했다. 그는 의로운 일이 아니면 요지부동이었다. 가세가 곤궁하여 며칠씩 굶고 남의 옷을 빌려 입어도 결코 부끄러워하지 않았다. 조정 대신들의 끈질긴 권유로 정 5품의 자리에까지 올랐지만 자진해서 물러나고 말았다. 이렇게 고결한 성품이라 시기하는 자들이 많아 정여립 모반사건으로 누명을 쓴 채 옥사하고 말았다. 이때가 그의 나이 예순 둘이었다. 최영경의 삶은 참된 선비의 모범을 보여 준다.

을 해 입고 창고에 쌓인 곡식으로 밥을 먹으니, 너희들이 받는 보수는 모두 백성들에게서 짜낸 기름이다. 관리들은 아래에 있는 백성들을 학대하기는 쉬워도 위에서 밑을 내려다보는 푸른 하늘을 속이기는 어려울 것이다."[4]

唐太宗御製曰, 上有麾之, 中有乘之, 下有附之. 幣帛依之, 倉凜食之, 爾俸爾祿, 民膏民脂. 下民易虐, 上蒼難欺.

唐太宗御製曰(당태종어제왈), 上有麾之(상유휘지)하고 中有乘之(중유승지)하고 下有附之(하유부지)니라. 幣帛依之(폐백의지)요 倉凜食之(창름식지)하니 爾俸爾祿(이봉이록)이 民膏民脂(민고민지)니라. 下民(하민)은 易虐(이학)이어니와 上蒼(상창)은 難欺(난기)니라.

Above, there is the king who indicates what is to be done. In the middle, there are government officials who fulfil what the king has indicated, and below, there are the common citizens who merely follow. All of the officials wear silk clothes received as their payment, and eat up what the citizens offered as part of their duty. The government officials must know all those are the oil all squeezed from the citizen. Though it is easy for government officials to mal-treat the people below, it is difficult

---

4) '사람이 곧 하늘(人乃天)'이라고 가르친 우리의 종교가 있다. 이 가르침대로라면 백성을 학대하고 착취하는 것은 곧 하늘을 학대하고 착취하는 것과 다를 바 없다. 관료의 부패와 외세의 수탈로 많은 백성이 고통을 당하던 조선말기, 동학은 이런 가르침을 바탕으로 들불처럼 백성들 사이에 퍼져 나갔다. 동학은 마침내 관리들의 학정에 맞선 농민 전쟁으로 확대되었고 1년간의 봉기 끝에 미완의 막을 내렸다. 그러나 이 전쟁으로 인해 부패한 조선 왕조는 더욱 급격한 붕괴의 길을 걷게 되었다. 백성을 가볍게 여기는 위정자와 지배 집단은 오래 갈 수 없다는 것을 증명하였다. 그러므로 현명한 위정자는 민심은 곧 천심이라는 것을 명심하고 민심을 소홀히 여기지 않는다.

to deceive the heaven above.

- 唐太宗(당태종): 당나라 2代임금. 이름은 李世民. 나라를 잘 다스리고 백성을 몹시 사랑했다.
- 幣帛(폐백): 예물로 받은 비단
- 爾俸爾祿(이봉이록): 爾는 2인칭으로 너희들이란 뜻이다.
- 麾: 가리킬 휘 • 乘: 탈 승 • 附: 붙일 부 • 幣: 폐백 폐
- 爾: 너 이 • 俸: 녹 봉 • 祿: 녹 록 • 膏: 기름 고
- 脂: 기름 지 • 虐: 사나울 학 • 蒼: 푸를 창 • 脂: 기름 지
- 指: 가리킬지 • 旨: 손가락 지

6. 청렴하고 근신하며 부지런 하라

『동몽훈』에 말하였다. "벼슬을 하는 방법은 단지 세 가지 밖에 없으니 그것은 깨끗하고 근신하고 부지런해야 하는 것이다. 이 세 가지를 알면 처신하는 방법을 알 수 있다."

童蒙訓曰, 當官之法, 唯有三事, 曰淸曰愼曰勤. 知此三者, 知所以持身矣.

童蒙訓曰(동몽훈왈), 當官之法(당관지법)은 唯有三事(유유삼사)하니 曰淸曰愼曰勤(왈청왈신왈근)이라. 知此三者(지차삼자)면 知所以持身矣(지소이지신의)니라.

The government officials should know and keep just three rules below. They are integrity, best behaviour, and diligence. If you would know and keep them, you could be free from anxiety and be comfort.

- 童蒙訓(동몽훈): 송나라의 여본중(呂本中)이 아이들을 가르치기 위해 편집한 책
- 當官(당관): 관리가 된 자 • 所以(소이): 이유, 까닭
- 持身(지신): 몸가짐 • 蒙: 어릴 몽 • 法: 법 법 • 淸: 맑을 청
- 愼: 삼가할 신 • 持: 가질 지 • 唯: 대답할 유 • 惟: 오직 유
- 維: 벼리 유

7. 화냄을 삼가고 자상함을 나타내라

관직에 있는 사람은 반드시 심한 화를 내지 않도록 주의하라. 옳지 않은 일이 있거든 마땅히 자상하게 처리하면 반드시 맞지 않는 일이 없을 것이다. 만약 먼저 화부터 낸다면 오직 자신을 해롭게 할 뿐이다. 그러니 어찌 남을 해롭게 할 수 있겠는가?[5]

當關者, 必以暴怒爲戒, 事有不可, 當詳處之, 必無不中, 若先暴怒, 只能自害. 豈能害人.

5) 옛날에 화를 잘 내기로 유명한 사람이 있었다. 이를 염려하던 아버지는 유언 삼아 한 스승을 소개했다. 스승은 그에게 매일 '참을 인(忍)' 한 자씩을 쓰라고 했다. 일 년이 지나자 스승은 "그만 됐으니 그간 쓴 글자를 눈에 띄는 곳마다 붙이라"고 했다. 그는 공부 삯으로 바친 쌀 한 수레가 아까워 집안 곳곳에 '참을 인' 자를 붙였다. 어느 날 그는 서울에서 볼일을 마치고 밤늦게야 집에 들어섰다. 그런데 안방 댓돌에 못 보던 신발이 놓여 있었다. 아내의 간음 현장을 잡았다고 생각한 그는 당장에 도끼를 집어 들었다. 한 달음에 마루로 올라서는데 달빛에 반짝이는 것이 보였다. 기둥에 붙여둔 '인(忍)' 자였다. 순간 아버지와 스승의 얼굴을 떠올린 그는 도끼를 스르르 손에서 놓았다. 다음날 아내는 친정에서 여동생이 다니러 왔음을 알렸다. 그는 고개도 못 든 채 스승의 뜻을 곱씹고 있었다.

當關者(당관자)는 必以暴怒爲戒(필이폭로위계)하여 事有不可(사유불가)어든 當詳處之(당상처지)면 必無不中(필무부중)이며 若先暴怒(약선폭로)면 只能自害(지능자해)라. 豈能害人(기능해인)이리오.

The government official shoud not lose his temper. If he find out what be wrong, do calm down his temper and be patient in managing the case. If he lose his temper, it would lead his disgrace, and be harmful to others after all.

• 暴怒(폭로): 사납게 화를 냄 • 不中(부중): 사리에 맞지 않음
• 暴: 사나울 폭 • 怒: 성낼 노 • 詳: 상서로울 상 • 處: 곳 처

8. 임금을 부모 섬기듯 하고, 윗사람을 형 섬기듯 하라

임금을 부모 섬기듯 하고, 윗사람을 형 섬기듯 하며, 친구를 집안 식구 대하듯 하고, 아전을 자기 집 노복 대접하듯 하고, 백성을 처자식 사랑하듯 하고, 나라 일을 집안 일 처리하는 것처럼 한 후에 능히 최선을 다했다고 할 수 있을 것이다. 만약 털끝만큼이라도 다하지 못한 점이 있다면 모두가 내 마음의 최선을 다하지 못했기 때문이다.

事君如事親, 事長官如事兄, 與同僚如家人, 待羣吏如努僕, 愛百姓如妻子, 處官事如家事然後, 能盡吾之心. 如有毫末不至, 皆吾心有所未盡也.

事君(사군)을 如事親(여사친) 하고 事長官(사장관)을 如事兄(여사형) 하고 與同僚(여동료)를 如家人(여가인)하고 待羣吏(대군리)를 如努僕(여노복)하고 愛百姓(애백성)을 如妻子(여처자)하고 處官事(처관사)를

如家事然後(여가사연후)에 能盡吾之心(능진오지심)이니라. 如有毫末不至(여유호말부지)면 皆吾心(개오심)에 有所未盡也(유소미진야)니라.

Serve your emperor as supporting your parents, your senior as a elder brother, your fellow as your wife and children, the subordinate as your servant in your house. Do love the people as you do your wife and children, And also you could say you did your best in dealing with national importance, if you deal them as you would do your households.

- 사군(事君): 임금을 섬김 • 僚: 동료 료
- 羣: 무리 군. 무리, 떼
- 僕: 종 복 • 毫: 터럭 호

9. 죽음 앞에서도 옳은 말을 하는 자가 진정한 충신이다

포박자가 말하였다. "도끼에 맞는 한이 있어도 바르게 간하고, 가마솥에 넣어서 죽이려 해도 옳은 말을 다하면 이를 충신이라 한다."[6]

---

6) 태조 이성계가 창업 공신들에게 잔치를 베풀 때의 일이다. 잔치에 온 사람들 대부분은 고려 조정에 몸담았던 사람들이었다. 송도의 명기(名妓) 설중매도 이 잔치에 불려갔다. 뛰어난 재색으로 이름났지만 바람기로도 유명한 여자였다. 잔치가 무르익자 한 정승이 취기를 빌어 설중매를 희롱했다. "소문을 들으니 너는 아침에는 동쪽 집에서 밥을 먹고, 저녁에는 서쪽 집에서 잠을 잔다더구나. 그러니 오늘밤은 늙은 나와 지내보지 않으련?" 이에 설중매의 입에서는 거침없는 대답이 흘러나왔다. "지당하신 말씀입니다. 동쪽에서 밥 먹고 서쪽에서 잠자는 기생이 왕씨도 섬기고 이씨도 섬기는 정승과 어울린다면 천생연분 아니겠습니까?" 한낱 기생이었던 설중매가 돋보일 만큼 의인(義人)이 설 자리가 없었던 시대였다. 시대가 어려울수록 교언영색(巧言令色)과 곡학아세(曲學阿世)로 치장한 사람들이 설친다. 오늘날에도 크게 달라진 것은 없는 듯하다.

抱朴子曰, 迎斧鉞而正諫, 據鼎鑊而盡言, 此謂忠臣也.

抱朴子曰(포박자왈), 迎斧鉞而正諫(영부월이정간)하며 據鼎鑊而盡言(거정확이진언)이면 此謂忠臣也(차위충신야)니라.

We could call him a true royal subject who would confront the axe and boiling water in the cauldron with the honest advice.

- 抱朴子(포박자): 진나라 사람 갈홍(葛洪)의 호이자, 그의 책 이름
- 正諫(정간): 바른 도리를 간함
- 據鼎鑊(거정확): 끓는 가마솥에 들어가 죽임을 당함
- 盡言(진언): 말을 다함 • 迎: 맞이할 영 • 斧: 도끼 부
- 鉞: 도끼 월 • 諫: 간할 간 • 據: 근거 거 • 鼎: 솥 정
- 鑊: 가마솥 확. 발 없는 큰 솥. 죄인을 삶아 죽이는 형기(刑器)
- 抱: 안을 포. 手와 包가 결합한 형성문자

10. 충효자는 하늘이 기억하고 있다

아침 일찍 일어나면서부터 밤에 잠잘 때까지 충효만을 생각하는 자를 사람들은 알지 못하나 하늘은 반드시 알 것이며, 배불리 먹고 따뜻하게 옷을 입고 기꺼이 자기만을 위하는 자는 몸은 비록 편안하나 그 자손들이 과연 어찌 될 것인가?

夙興夜寐所思忠孝者, 人不知天必知之. 飽食煖衣, 怡然自衛者, 身雖安, 其如子孫何.

夙興夜寐(숙흥야매)하여 所思忠孝者(소사충효자)는 人不知(인부지)나 天必知之(천필지지)요. 飽食煖衣(포식난의)하여 怡然自衛者(이연자위자)는 身雖安(신수안)이나 其如子孫(기여자손)에 何(하)오.

One who think of nothing else but loyalty and filial piety all the time, might not be known to the people, but certainly heaven know. One who do nothing but eat until he be full, wear warm clothes, and want his body to be content and comfortable, but what in the world would his descenders become in the future?

- 夙: 일찍 숙 • 興: 일어날 흥, 흥할 흥
- 寐: 잘 매 • 怡: 화할 이, 기쁠 이
- 雖: 비록 수 • 飽: 배부를 포
- 胞: 세포 포 • 砲: 대포 포
- 煖: 따뜻할 난 • 暖: 따뜻할 난
- 衛: 지킬 위. 行과 韋가 결합한 형성문자
- 偉: 클 위 • 緯: 씨줄 위 • 違: 어긋날 위
- 夙興(숙흥): 일찍 일어남 • 怡然(이연): 즐거워하는 모양

11. 남의 처지를 먼저 이해하라

모든 노복(奴僕)을 부림에 있어서 먼저 그들의 배고프고 추운 것을 생각하라.

凡使奴僕, 先念飢寒.

凡使奴僕(범사노복)에 先念飢寒(선념기한)하라.

First of all, you should consider your employee's hunger and the cold.

- 使: 부릴 사 • 奴: 종 노 • 僕: 종 복
- 飢: 주릴 기 • 寒: 찰 한

12. 의심스러운 사람을 쓰지 말라

의심스러운 사람은 아예 쓰지 말고, 일단 한 번 쓴 사람은 의심하지 말라.

疑人莫用, 用人勿疑.

疑人莫用(의인막용)하고 用人勿疑(용인물의)니라.

Don't appoint the suspicious. Once you appointed, never be suspicious of them.

- 勿: 말 물 • 疑: 의심할 의

13. 섬기는 사람이 충성한다

공자가 말하였다. "어버이를 효성으로 섬기는 사람이 나라에도 충성하고, 집안에서 형을 존경할 줄 아는 사람이 밖에서도 어른을 섬길 수 있다. 그러므로 집안을 잘 다스리는 사람이 벼슬 생활도 훌륭하게 할 수 있는 것이다."

子曰, 君子之事親孝, 故, 忠可異於君, 事兄弟, 故, 順可移於長, 居家理, 故, 治可移於官.

子曰(자왈), 君子之事親孝(군자지사친효)이라 故(고)로 忠可異於君(충가이어군)이요 事兄弟(사형제)라 故(고)로 順可移於長(순가이어장)이요 居家理(거가리)라 故(고)로 治可移於官(치가이어관)이니라.

The person who is faithful to parents are also faithful to country, and the person who know how to respect brother can respect other people. That's why the person who manages good household are also the good politician.

• 異: 다를 이 • 移: 옮길 이

14. 자신을 낮출 줄 아는 사람이 중요한 자리에 오른다

『경행록』에 말하였다. "자신을 낮출 줄 아는 사람은 중요한 자리에 오를 수 있고, 남 이기기를 좋아하는 사람은 반드시 적을 만나게 된다."[7]

景行錄云, 屈己者能處重, 好勝者必遇敵.

景行錄云(경행록운), 屈己者(굴기자)는 能處重(능처중)하고 好勝者(호승자)는 必遇敵(필우적)이니라.

The man who let himself down would hold an important position, and the man who enjoy conquering others would surely meet enemy.

• 우적(遇敵): 적을 만남 • 錄: 기록할 록
• 處: 살 처 • 勝: 이길 승 • 遇: 만날 우
• 敵: 해칠 적. 막대를 들고 친다는 뜻. 敵手 對敵

7) 『손자병법』의 지은이 손무는 춘추시대의 명장으로 병법의 대가였다. 난세에서 그가 겪은 경험과 지혜는 오늘날의 사람들에게도 큰 영향을 끼치고 있다. 그런 그가 특히 강조한 말이 있다. "백전백승(百戰百勝)이 좋은 것이 아니다. 싸우지 않고 이기는 것이 가장 좋다." 싸우지 않고 피하거나 타협을 할 수 있다면 그것을 택하는 것이 좋다는 것이다.

• 適: 갈 적 • 滴: 물방울 적 • 摘: 딸 적

15. 재물을 사랑하는 마음으로 섬겨라

『경행록』에 이런 말이 있다. “아내와 자식을 사랑하는 마음으로 부모를 섬기면 효자가 될 수 있고, 재물을 지켜가는 마음으로 임금에게 충성을 바치면 충신이 되지 않을 사람이 없다. 남을 꾸짖는 것처럼 자신의 잘못을 꾸짖으면 허물이 적게 되고, 자신을 용서하는 마음으로 남의 잘못을 용서하면 남과 잘 사귈 수 있다.”

景行錄云, 以愛妻子之心, 事親卽曲盡其孝, 以保富貴之心, 奉君卽 無往不忠, 以責人之心, 責己卽寡過, 以恕己之心, 恕人卽全交.

景行錄云(경행록운), 以愛妻子之心(이애처자지심)으로 事親卽曲盡其孝(사친즉곡진기효)요, 以保富貴之心(이보부귀지심)으로 奉君卽 無往不忠(봉군즉 무왕불충)이요 以責人之心(이책인지심)으로 責己卽寡過(책기즉과과)요 以恕己之心(이서기지심)으로 恕人卽全交(서인즉전교)니라.

You could be filial to your parents as if you would do to your wife and children, You could be royal to your king as if you would keep your wealth. You could be comfort yourself if you scold you just like scolding others, you could be in good acquaintance with others if you could forgive them just like forgiving yourself.

• 寡: 적을 과 • 恕: 용서할 서

▶ 조선조 태종은 왕위에 오를 때 많은 무리한 일을 범했지만 백성들을 끔찍이 아끼고 사랑한 임금이었다. 종로 네거리에 신문고를 매달아 백성들이 마음 놓고 억울한 사정을 고할 수 있게 했고, 또 흉년이 들면 자신부터 술을 끊고, 쌀로 술을 못 빚게 하였다고 한다. 그는 56세로 눈을 감을 때도 가뭄에 시달리는 백성들을 생각하며 "내가 죽으면 상제께 아뢰어 비를 얻어 보내리라"하면서 숨을 거두었다고 한다. 그런데 과연 그날 밤부터 비가 내려 그 해 농사는 풍년이 되었다. 즉 사람뿐 아니라 하늘까지도 감동시키는 정성 앞에 고개 숙이지 않을 백성은 없을 것이라는 것이다. 또 세종은 나라를 다스리는 데 열성적이어서 문무 대신들도 아침 일찍 입궐해 저녁 늦게까지 일하곤 했다. 당시 예조판서로 있던 김종서는 그러한 문무 대신들의 노고를 생각해 예조의 비용으로 점심을 몇 번 대접했다고 한다. 그런데 뒤늦게 그 사실을 안 황희 정승이 김종서를 불러 사실 여부를 확인하고 나라의 비용으로 대신들의 점심식사를 대접하는 것은 큰 죄라며 불같이 꾸짖었다. 며칠 후 김종서는 자신의 집의 쌀로 그 동안에 문무 대신들을 위해 쓴 예조의 비용을 갚았다. 공직에 있는 사람은 자신이 사용하는 한 푼의 돈에도 국민의 피와 땀이 서려 있다는 것을 명심하고 공정과 청렴을 생명같이 여겨야 할 것이다.

또 다른 청렴한 정승이 성 밖 후미진 곳에 대문은커녕 나무 울타리도 없는 서너 칸 오두막집에 살았다. 입궐할 때는 짚신에 지팡이만 짚고 나갔으며, 퇴궐하여 집에 오면 맨발에 베옷을 걸치고 채마밭을 가꿨다. 지나던 길손이 찾아들면 신분이나 이름도 묻지 않고 탁주 한 바가지를 내오게 해서 돌려 마셨다. 장마철에 비가 새면 과거 급제했을 때 하사받은 일산(日傘)을 펴 들고는 "일산이 없는 집에서는 장마철을 어떻게 견디나"라며 걱정했다. 나라에서 받은 녹은 집안과 인근

아이들의 필묵 값으로 쓰거나 다리 놓고 길 넓히는데 써버렸다. 이 분이 바로 태조 이성계부터 세종까지 4대에 걸쳐 정승을 지낸 유관(柳寬, 1346-1433 :조선 초기의 문신으로 그는 소탈한 생활 속에 평생 공부를 하여 학문이 높았으며, 시문에 능했다. 세종 때 영의정 우의정을 역임)이다. 그가 88세로 죽자 왕은 사흘 동안 조정의 공사를 폐하고 철시령을 내려 애도를 표했다. 그가 살던 집은 일산으로 비를 가린데서 우산각(雨傘閣)이라 불렸으며 청빈의 상징으로 추앙받았다.[8]

---

8) 지금의 신설동 보문동에 걸쳐져 있던 옛 마을 '우산각골'은 비오는 날 방안에서 우산을 받쳐가며 비를 피하던 유관이라는 청백리 이야기에서 유래한 이름이다. 세종 때 영의정, 우의정을 지냈지만 생활이 청렴했던 정승 유관의 호는 '하정(夏亭)'. 그의 이름을 딴 거리가 바로 지금의 '하정로'인데, 하정이라는 이름에서 장맛비에 우산을 받치고 글을 읽던 옛 선비의 안빈낙도를 실감 할 수 있다. 유관의 아들은 유계문(柳季聞, 1383-1445)으로 아버지와 같이 조선 초기에 큰 벼슬을 했다.

10. 치가편(治家篇) 15조

여기에서는 결혼 등 가정관리의 원칙과 실제, 부부의 화목과 부자간의 의리를 돈독히 할 것을 타이르며 집안을 다스리는데 필요한 요긴한 말로 이루어져 있다. 특히 부인이 갖추어야 할 네 가지의 덕(四德)의 설명과 함께 그 역할과 사명을 들어 현모양처(賢母良妻)의 도리와 부인들의 자기수양을 역설하였다.

1. 서로 사랑하고 공경하라

강태공이 말하였다. "어리석은 자는 아내를 두려워하고, 어진 여자는 남편을 공경한다."[1]

---

1) 소크라테스의 아내 크산티페는 악처로 유명한 여자이다. 남편에게 욕설을 하는 것은 능사요 심지어 두들겨 패는 일까지 있었다. 어떤 사람이 소크라테스에게 왜 그런 악처와 사느냐고 물었다. 그는 "훌륭한 기수일수록 성질이 사나운 말을 고르는 법이오. 왜냐하면 그런 말을 잘 달래서 탈 수 있는 사람이면 어떤 말이든지 다 탈 수 있기 때문이오. 내가 지금 크산티페를 잘 달랠 수만 있다면 어떤 성질을 가진 사람이라도 잘 달랠 수가 있을 것이오." 라고 말했다. 소크라테스는 결코 아내의 못된 성질을 탓하지 않았으며, 굳이 존경을 바라지도 않았다. 아내를 험담하는 것이야말로 아내를 두려워한다는 증거이며, 존경이란 저절로 우러나는 것이기 때문이다. 진심으로 아내를 사랑하고 또 남편을 존경하는 부부는 그것을 강요하지도 바라지도 않는다.

太公曰, 痴人畏婦. 賢女敬夫.

太公曰(태공왈), 痴人(치인)은 畏婦(외부)요. 賢女(현녀)는 敬夫(경부)니라.

Foolish men fear their wives. But wise wives will respect their husbands.

- 痴: 어리석을 치 • 畏: 두려울 외
- 賢: 어질 현

2. 부지런함이 흥망성쇠를 좌우한다

『경행록』에 말하였다. "아침저녁 식사 시간의 이르고 늦음을 보아 그 사람 집의 흥하고 쇠하는 것을 점칠 수 있다."

景行錄云, 觀朝夕之早晏, 可以卜人家之興替.

景行錄云(경행록운), 觀朝夕之早晏(관조석지조안)하여 可以卜人家之興替(가이복인가지흥체)니라.

If a home is late in having its morning and evening meals, then that household would have bad fortune and would eventually fail.

- 觀: 볼 관 • 晏: 늦을 안
- 興: 흥할 흥 • 替: 쇠퇴할 체

3. 여자의 아름다움은 덕·단정함·고운 말씨·섬세한 솜씨에 있다

『익지서』에 말하였다. "여자에게 4가지 아름다운 덕이 있다. 첫째는 부덕(婦德)이고, 둘째는 아름다운 용모이고, 셋째는 고운 말씨이고, 넷째는 섬세한 솜씨이다."[2]

益智書云, 女有四德之譽, 一曰婦德, 二曰婦容. 三曰婦言, 四曰婦工也.

益智書云(익지서운), 女有四德之譽(여유사덕지예)하니 一曰婦德(일왈부덕)이요 二曰婦容(이왈부용)이요. 三曰婦言(삼왈부언)이요 四曰婦工也(사왈부공야)니라.

Woman have four types of beautiful virtues. The first is womanly virtues. The second is appearance. The third is speech. The fourth is talents.

- **四德之譽(사덕지예)**: 네 가지 덕의 아름다움, 칭찬할 만한 것.

---

2) 여성들이 학교에 다니고 직업을 갖기 시작한 지는 얼마 되지 않은 일이다. 불과 수십 년 전만 해도 여자의 행동반경과 역할은 울타리를 넘지 않았다. 이 구절에서 강조한 네 가지 덕목은 남자와 여자의 역할이 성벽처럼 굳건하던 시절에 여자가 갖추면 좋을 덕목을 정리한 것이다. 혹 이 구절들이 시대착오적인 말이라 생각하는 사람들이 있을 것이다. 그러나 이 덕목들이 이전 시대 여자들에게 주어진 것일지언정 그 밖의 사람을 배제한 것은 아닐 것이다. 남녀의 역할이 다르다는 완고한 의식이 허물어지고 있는 이 시대에 말과 행동을 조심하고 몸을 깨끗이 하고 손님 대접을 잘하는 일이 결코 여자의 미덕만은 아니지 않겠는가. 이 네 가지 덕목을 갖추고 있는 사람이라면 남자와 여자를 떠나 훌륭한 인격의 소유자로 존경할 만하지 않을까.

• 婦容(부용): 아내로서의 용모 • 婦工: 아내로서 하는 일.
• 益: 더할 익 • 智: 지혜 지 • 譽: 명예 예
• 容: 얼굴 용, 용모 용

4. 부덕은 반드시 재주가 뛰어 남에 있지 않다

부덕(婦德)이라는 것은 반드시 재주가 있다는 평이 뛰어남을 뜻하는 것은 아니다. 고운 용모라는 것은 반드시 얼굴이 곱고 아름다운 것이 아니고, 좋은 말씨란 반드시 입담이 좋아서 말을 잘하는 것이 아니며, 섬세한 솜씨란 반드시 손재주가 남보다 뛰어남을 말하는 것이 아니다.[3]

婦德者, 不必才名絕異. 婦容者, 不必顏色美麗. 婦言者, 不心辯口利詞. 婦工者, 不必技巧過人也.

婦德者(부덕자)는 不必才名絕異(불필재명절이)라. 婦容者(부용자)는

---

3) 여자와 수다에 관한 말은 참 많다. 여자 셋이 모이면 접시가 깨진다고도 하고 여자는 말이 많아 수염이 없다고도 한다. 언제부턴가 수다는 여자의 전유물처럼 되어 버렸다. 지하철이나 버스를 타 보면 그 말의 진위를 금세 확인할 수 있다. 소란스러워 쳐다보면 대부분 여자들이다. 무에 그리 할 말이 많은지 내리는 순간까지 끊임없이 웃고 떠든다. 나이 어린 학생들은 물론이고 부인들도 서너 명이 모이면 사춘기 소녀들 못지않게 왁자지껄하다. 남녀평등 시대가 되었다고 하지만 아직도 여자들이 자유롭게 자기를 표현하고 여가를 보낼 수단이 제한되어 있기 때문이라 생각되기도 한다. 이해를 못할 바는 아니지만 조금은 달라질 필요가 있겠다. 우리 사회도 국민소득 1만 달러의 명실상부한 시민 사회가 되었다. 이제는 이에 걸맞게 다른 사람을 배려하고 모두를 위해 자제하는 마음이 갖춰져야 하지 않을까. 조용히 생각에 젖어 있거나 책에 몰두해 있는 옆 사람을 한번쯤 의식해야 할 때다.

不必顔色美麗(불필안색미려)요. 婦言者(부언자)는 不心辯口利詞(불심변구리사)요. 婦工者(부공자)는 不必技巧過人也(불필기교과인야)니라.

Womanly virtue is to withhold from speaking of one's great talents or great fame. Appearance is not necessarily to be soft and lovely. Speech is not necessarily to be able to talk well. Talents are not the ability to do things better than others.

- 絶異(절이): 특별히 뛰어남
- 才名(재명): 재주와 이름
- 顔色(안색): 얼굴의 생김 • 絶: 끊을 절
- 異: 다를 이 • 辯: 말씀 변
- 辨: 분별할 변 • 判: 판단 판
- 辦: 힘 쓸 판 • 詞: 말씀 사
- 麗: 고울 려. 사슴의 뿔이 고운 모양
- 顔: 낯 안. 얼굴은 머리에 붙어 있으므로 頁이 들어감.

5. 부인의 예절은 반드시 곱고 섬세해야 한다

강태공이 말하였다. "부인의 예절은 반드시 곱고 섬세해야 한다."[4]

4) 중국의 옛 시인 소동파는 세 명의 첩을 두었다. 어느 날 저녁을 먹고 나서 소동파가 지금 내 뱃속에 무엇이 있느냐고 차례로 물었다. 먼저 한 여자가 가볍게 웃으며 나리 뱃속에는 방금 드신 저녁밥이 있다고 말했다. 두 번째 여자도 비슷한 대답을 했다. 그러나 마지막으로 말한 조운이라는 여자는 사뭇 달랐다. "님의 뱃속에는 철(季節) 지난 다른 생각으로 가득 차 있습니다." 사람의 속마음을 읽어내는 그 말에 소동파는 매우 흡족했다고 한다. 얼마나 사려 깊고 아름답게 말을 하느냐에 따라 세상살이는 매우 즐거울 수도 있다.

太公曰, 婦人之禮, 語必細.

太公曰(태공왈), 婦人之禮(부인지례)는 語必細(어필세)니라.

Woman should always speak softly and delicately.

- 語: 말씀 어 • 細: 가늘 세. 細密 微細 詳細

6. 어진 아내는 남편을 귀하게 만든다

어진 아내는 남편을 귀하게 만들고 악한 아내는 남편을 천하게 만든다.

賢婦令夫貴, 惡婦令夫賤.

賢婦(현부)는 令夫貴(영부귀)요 惡婦(악부)는 令夫賤(영부천)이니라.

A wise wife would venerate her husband, while a bad wife would debase him.

- 令夫貴(영부귀): 남편을 귀하게 만듦
- 賢: 어질 현 • 賤: 천할 천

7. 어진 아내는 남편을 재앙으로부터 보호한다

집안에 어진 아내가 있으면 남편은 뜻밖의 재앙을 당하지 않는다.[5]

5) 할머니가 키운 아이가 정서적으로 훨씬 안정되어 있다는 말이 있다. 왜냐하면

家有賢妻, 夫不遭橫禍.

家有賢妻(가유현처)면 夫不遭橫禍(부부조횡화)니라.

If a wise wife be in the home, her husband would never suddenly become embarrased

- 不遭(부조): 만나지 않음
- 賢: 어질 현 • 遭: 만날 조
- 橫: 가로 횡 • 禍: 재앙 화

8. 어진 아내는 가족을 화복하게 한다

어진 아내는 친척을 화목하게 하고, 간교한 아내는 친척의 화목을 깨뜨린다.[6]

할머니들은 엄격한 규율보다 한량없는 정으로 아이를 대한다. 밥투정하는 아이를 따라다니며 밥을 먹이는가 하면 귀한 물건을 못 쓰게 해도 야단을 치기보다는 아이 걱정부터 한다. 그러니 아이의 입장에서 보면 할머니는 자기가 무슨 일을 해도 이해해 주는, 세상에서 유일무이한 존재인 것이다. 이처럼 자신을 전폭적으로 지지하는 사람이 있다는 것은 정서 안정에도 크게 도움이 된다. 집안에 어진 아내가 있으면 가정을 화평하게 하여 일도 즐겁고 순조로운 것과 같은 이치라고 할 수 있다.

6) 미국인이 한국인의 생활에 관하여 쓴 칼럼 중, 한국인의 성향을 분석해 놓은 글 가운데서 "한국 가정에서 실권을 쥐고 있는 쪽은 아내"라는 내용이 있다. 우리 사회에서 여자는 대개 경제적으로 남편에게 의존하고 있고 사회적으로도 열악한 위치에 있는 것이 사실이다. 하지만 자녀교육, 가정경제 같은 집안의 핵심적 사안을 아내가 결정하는 경우가 많다. 집안 내 대소사를 처리하는 것도 주로 여자의 몫이다. 결국 여자는 한 가정을 운영하는 실권자인 셈이다. 실권자가 어떻게 처신하느냐에 따라 가정의 분위기가 달라지는 것은 물론이다. 심지어 형제나 친척 간의 우애를 좌우하는 것도 아내가 아니던가.

賢婦和六親, 佞婦破六親.

賢婦(현부)는 和六親(화육친)하고 佞婦(영부)는 破六親(파육친)이니라.

A wise wife would make the six family relations peaceful, while a wicked wife would break the peace between the six family relations.

- 육친(六親): 父母 · 兄弟 · 妻子를 말한다 • 영부(佞婦): 간악한 아내
- 佞: 아첨할 영(녕) • 破: 깨뜨릴 파 • 親: 친할 친

9. 부지런함이 성공을 가져온다

놀이만을 하는 것은 전혀 이로울 것이 없으며, 오직 부지런함만이 성공을 거두게 된다.

凡戱無益, 惟勤有功.

凡戱(범희)는 無益(무익)이나 惟勤(유근)이 有功(유공)이니라.

All play and no works could not come out anything, only diligence could guarantee the success.

- 戱: 희롱 희 • 益: 더할 익
- 惟: 오직 유 • 勤: 부지런할 근

10. 모든 일을 어른과 상의하라

사마온공이 말하였다. "신분이 낮고 어린 사람은 크고 작은 일을 막론하고 자기 마음대로 해서는 안 되고, 반드시 집안 어른에게 아뢰어야 한다."

司馬溫公曰, 凡諸卑幼, 事無大小, 毋得專行, 必咨稟於家長.

司馬溫公曰(사마온공왈), 凡諸卑幼(범제비유)는 事無大小(사무대소)히 毋得專行(무득전행)하고 必咨稟於家長(필자품어가장)이니라.

The young and the low birth should ask seniors no matter what the problem be simple or hard.

- 凡: 무릇 범 • 卑: 낮을 비
- 咨: 물을 자 • 稟: 줄 품

11. 더불어 살아야 한다

여씨향약에 이런 말이 있다. "좋은 일은 서로 권하고, 잘못은 서로 살펴 고쳐 주고, 서로 사귀면서 예의를 지키고, 어려운 일을 당하면 서로 돌보아 주어야 한다."

呂氏鄕約云, 德業相勸, 過失相規, 禮俗相交, 患難相恤.

呂氏鄕約云(여씨향약운), 德業相勸(덕업상권)하고 過失相規(과실상규)

하며 禮俗相交(예속상교)하고 患難相恤(환난상휼)이니라.

You should persuade others to do good things, correct other's faults, observe the proprieties, and help them in emergency.

- 恤: 구휼할 휼

12. 가정이 화목하면 모든 일이 잘 이루어진다

아들이 효도하면 부모가 즐겁고, 집안이 화목하면 모든 일이 잘 이루어진다.

子孝雙親樂, 家和萬事成.

子孝雙親樂(자효쌍친락)이요 家和萬事成(가화만사성)이니라.

Filial son makes his parents happy, and harmonious family makes everything well done.

- 雙: 두 쌍. • 쌍친(雙親): 두 어버이

13. 집안이 화목하면 가난하여도 의롭다

집안이 화목하면서 가난한 것은 괜찮으나 의롭지 못하면서 부유한들 무엇 하겠는가? 다만 효도하는 자식이 하나라도 있으면 자손을 많이 둔 것보다 낫다.

家和, 貧也好, 不義, 富如何. 但存一子孝, 何用子孫多.

家和(가화)면 貧也好(빈야호)어니와 不義(불의)면 富如何(부여하)오.
但存一子孝(단존일자효)면 何用子孫多(하용자손다)리오.

If harmony reigns over your home, it does not matter to be poor. However, it is useless to be rich if there is no justice. If you have just one child filial and faithful to you, it is useless to have many children.

- 但: 다만 단. 人과 旦이 결합한 형성문자이다.

14. 아들의 덕을 말하지 말고, 아버지의 허물을 말하지 말라

아버지는 아들의 덕을 말하지 않고, 아들은 아버지의 허물을 말하지 않아야 한다.

父不言子之德, 子不談父之過.

父不言子之德(부불언자지덕)하고 子不談父之過(자불담부지과)니라.

The father should not boast of his son's virtue, the son should not criticize his father's faults.

- 談: 말씀 담

▶ 가화만사성(家和萬事成)이라는 말처럼 가정의 화목과 중요성에 대해 고대 그리스의 시인 소포클레스는 『안티고네』에서 "자기 가정을 훌륭하게 다스리는 자는 국가에도 가치 있는 인물이다"라고 했다. 그러나 가정의 화목은 이루기도 지키기도 힘들다. "왕국을 통치하는 것보다 가정을 다스리기가 더 어렵다"는 말이 있을 정도다. '수신제가치국평천하(修身齊家治國平天下)'라는 말처럼 가정의 화목을 유지하기 위한 중요한 요소는 서로를 위한 작은 희생일 것이다. 양보와 희생이 모여 가정의 평화를 이루어 내는 법이다. 형제간의 우애와 부부간의 화목과 친구간의 의리 등을 지키며 이웃과 사이좋게 지내며 서로 양보하고 배려하며 널리 베푸는 것도 중요하다.

여자는 어떤 배우자를 만나느냐에 따라 인생이 좌우된다고 하여서 생긴 말이 '여자 팔자 뒤웅박 팔자'이다. 여자의 인생뿐만 아니라 남자의 삶 역시 배우자에 따라 많이 달라진다. 자기 분야에서 일가를 이룬 사람, 세상을 위해 자기희생적인 삶을 살아온 사람의 뒤에는 언제나 굳세게 가정을 지키고 묵묵히 남편을 돕는 아내가 있었다. 결국 서로의 이상을 존중하고 격려해 줄 수 있는 배우자를 만나는 것은 훌륭한 삶을 살아가는 데 필수적인 요소이다. 이슬람의 성인 마호메트는 처음 신의 계시를 받고 두려움과 의심에 빠져 있었다고 한다. 그러나 아내 하디자는 그것이 신의 계시임을 확신하고 알라의 첫 번째 신자가 되었다. 당시는 부족마다 섬기는 우상이 있었기 때문에 무서운 박해가 뒤따랐음은 물론이다. 온갖 시련 속에서도 마호메트는 이슬람교로 아랍세계를 통일했다. 이것은 아내 하디자의 절대적인 신뢰와 애정 때문이었다. 자식과 남편을 사랑하고 위하는 방법은 달라질 수 있지만, 그 마음만은 예나 지금이나 큰 변화가 없다고 할 수 있다.

11. 예절편(禮節篇) 15조

인간으로서 지켜야할 종류의 예절을 여러 가지 각도에서 논한 것으로 여기에서는 가족간, 친족간, 조정에서의 예의와 함께 심지어 전쟁에서도 예의가 있으며 곧 사회 유지의 근본이라고 하였다.

1. 남을 배반해서는 안 된다

마음에 잘못이 없으면 얼굴에 부끄러운 기색이 없다.

心不負人, 面無慚色.

心不負人(심불부인)이면 面無慚色(면무참색)이니라.

If you do not forget others, you would never be embarrassed.

- 慚: 뉘우칠 참

2. 제가 싫은 일은 남에게도 하게 하지 말라

『성리서』에 이런 말이 있다. "사물을 대하는 요체는 자기가 하고 싶지 않은 일은 남에게도 시키지 말고, 행하고도 얻지 못하면 자신에게 무슨 문제가 있는가를 반성해야 한다."

性理書云, 接物之要, 己所不要, 勿施於人, 行有不得, 反求諸己.

性理書云(성리서운), 接物之要(접물지요)는 己所不要(기소불요)를 勿施於人(물시어인)하고 行有不得(행유부득)이어든 反求諸己(반구제기)니라.

Never force others what you would not want to do, and find out your faults when you could not accomplish what you have done.

• 施: 베풀 시 • 諸: 모든 제

3. 남의 권한을 침범하지 말라

공자 말하였다. "사람이 그 지위에 있지 않으면, 그 정치를 도모하지 말라."

子曰, 不在其位, 不謀其政.

子曰(자왈), 不在其位(부재기위)면 不謀其政(불모기정)이니라.

Do not discuss matters of government policy that do not fall within the scope of your official duties.

• 謀: 꾀할 모 • 政: 정사 정

4. 남을 먼저 존중하라

만약 남이 나를 존중하게 하려면 내가 먼저 남을 존중하는 것이 제일이다.[1]

若要人重我, 無過我重人.

若要人重我(약요인중아)인댄 無過我重人(무과아중인)이니라.

You should respect other people first if you want to be respected

• 若: 같을 약 • 我: 나 아

5. 명예는 감출수록 드러난다

향이 있으면 저절로 향기가 나게 마련이니, 애써 바람 앞에 서서 향을 날릴 필요가 있겠는가?

有麝自然香, 何必當風立.

有麝自然香(유사자연향)이니 何必當風立(하필당풍립)가.

Good fragrance sends forth by itself, you need not try to send forth by force in front of wind.

---

1) 자신이 맡은 일을 성실히 해나가는 사람은 과묵하다. 결코 다른 사람의 자리를 탐내지도 않는다. 그러나 작고 보잘 것 없는 일을 자랑삼는 자일수록 남에 대한 평가는 가혹하다.

• 榭: 사향노루 사 • 何: 어찌 하

7. 항상 조심하라

『경행록』에 이런 말이 있다. "방에 혼자 앉아 있더라도 사람이 많이 다니는 사거리에 있는 것처럼 조심하고, 자신의 마음을 다스릴 때는 여섯 마리의 말을 몰듯이 조심하면 잘못되는 일이 없다."

景行錄云, 坐密室如通衢, 馭寸心如六馬, 可免過.

景行錄云(경행록운), 坐密室(좌밀실)을 如通衢(여통구)하고 馭寸心(어촌심)을 如六馬(여육마)하면 可免過(가면과)니라.

When you are alone, just behaviour as if you were on the busy street. When you would control your mind, just do as if you spur on six horses.

• 坐: 앉을 좌 • 衢: 네거리 구 • 馭: 말 부릴 어 • 免: 면할 면

8. 손님을 푸대접하지 말라

손님 접대는 최선을 다하고, 집안을 꾸려 나가는 것은 검소하게 하라.

待客不得不豊, 治家不得不儉.

待客(대객)엔 不得不豊(부득불풍)이요 治家(치가)엔 不得不儉(부득불검)이니라.

When treating guests, you can not be too generous. In maintaining your household, you can not be too frugal.

• 儉: 검소할 검 • 待: 기다릴 대

9. 자만심이 몸을 망친다

그릇이 차면 넘치게 되고, 사람이 자만하면 몸을 망친다.

器滿卽溢, 人滿卽喪.

器滿卽溢(기만즉일)하고 人滿卽喪(인만즉상)이니라.

The jammed container is apt to overflow, and over-proud man is apt to be treated with indignity.

• 器:器: 그릇 기 • 喪: 죽을 상

10. 예의를 모르면 자신을 그르친다

안자가 말하였다. "윗사람이 예의가 없으면 아랫사람을 부릴 수 없고, 아랫사람이 예의가 없으면 윗사람을 모실 수 없다."

晏子曰, 上無禮無以使下, 下無禮無以侍上.

晏子曰(안자왈), 上無禮(상무례)면 無以使下(무이사하)하고 下無禮(하무례)면 無以侍上(무이시상)이니라.

The superior could not handle his subordinate if he be rude, and also if the subordinate be rude he couldn't serve his superior.

• 晏: 늦을 안 • 侍: 모일 시

11. 일을 망친 뒤에는 후회해도 소용이 없다

『경행록』에 말하였다. "사람의 성품은 물과 같아서 한번 엎질러지면 다시 담을 수가 없고, 성품이 한 번 나빠지면 돌이킬 수가 없다. 물을 막으려면 반드시 둑을 쌓아야 하고, 성품을 다스리려면 반드시 예법으로써 해야 한다."[2]

景行錄云, 人性如水, 水一傾則不可復, 性一縱則不可反. 制水者, 必以堤防, 制性者, 必以禮法.

景行錄云(경행록운), 人性(인생)이 如水(여수)하여 水一傾則不可復(수일경즉불가복)이요 性一縱則不可反(성일종즉불가반)이니라. 制水者(제수자)는 必以堤防(필이제방)하고 制性者(제성자)는 必以禮法(필이예법)이니라.

The temperament of people is like the water. You could not put

2) 물이 끊임없이 흘러야 썩지 않듯이 사람의 마음도 갇히면 썩고 만다. 그리고 흐르는 물이라 할지라도 탁하면 못쓰는 것처럼 사랑의 마음에 흘러드는 온갖 욕심과 허영을 늘 경계하고 비워야 한다. 그 예로 『채근담』에서는 "물은 물결이 일지 않으면 스스로 고요하고, 거울은 흐리지 않으면 스스로 맑다. 마음도 이와 같아서 흐린 것을 버리면 맑음이 저절로 나타날 것이요, 즐거움도 구태여 찾지 말 것이니 괴로움을 버리면 즐거움이 저절로 있을 것이다."라고 하였다.

spilled water back in the bowl. So with our temper. If we lose it, we could not ever regain it. If you do want to contain water, you should build levees and dikes. If you do want to contain your temper, you should mind your manners.

- 傾: 기울 경. 人과 頃이 결합한 형성문자로 사람이 몸을 기울여 일을 한다는 뜻
- 縱: 놓을 종, 세로 종. 縱列 縱橫 縱橫無盡
- 制: 만들 제, 법도 제. 制度 法制 制式
- 防: 막을 방. 國防 防水 防衛
- 禮: 예도 례. 禮度 禮法 禮式 缺禮 儀禮
- 不可反(불가반): 돌이킬 수 없음
- 制水者(제수자): 물을 단속하는 사람

12. 예가 있으면 가정이 화목하다

공자가 말하였다. "집에 예가 있기 때문에 어른과 어린이의 분별이 있고, 집안에 예가 있기 때문에 삼족(三族)이 화목하게 지낼 수 있고, 조정에 예가 있기 때문에 벼슬 지위에 서열이 있고, 사냥하는데 예가 있기 때문에 군사가 억제되고, 군대에 예가 있기 때문에 무공을 세울 수가 있다."

子曰, 居家有禮故, 長幼辨, 閨門有禮故, 三族和, 朝廷有禮故, 官爵序, 田獵有禮故, 戎事閑, 軍旅有禮故, 武功成.

子曰(자왈), 居家有禮故(거가유례고)로 長幼辨(장유변)하고 閨門有禮故(규문유례고)로 三族和(삼족화)하고 朝廷有禮故(조정유례고)로 官爵

序(관작서)하고 田獵有禮故(전렵유례고)로 戎事閑(융사한)하고 軍旅有禮故(군려유례고)로 武功成(무공성)이니라.

Because there is propriety to all things in the home, the home is divided between adults and children. Because there is propriety in the rooms into which women and girls enter, harmony exists in the three main relationships(husband-wife, father-son, and among siblings). Because there is etiquette in the loyal court, there is ranking-order among the official government posts, Because there is etiquette when hunting, the military is restrained. Because there is etiquette in the military, martial virtues can be achieved.

- 長幼辨(장유변): 어른과 어린이의 분별이 있음
- 閨: 안방 규, 부녀자의 방. 閨門
- 三族(삼족): 자기 집안과 외가와 처가
- 武功成(무공성): 무공이 이루어짐
- 爵: 벼슬 작
- 辨: 분별할 변. 칼로 나누어 분별하다는 뜻
- 獵: 사냥할 렵
- 戎: 오랑캐 융 • 旅: 나그네 려, 군사 려
- 軍旅(군려): 군대

13. 예가 없으면 질서가 문란해진다

공자가 말하였다. "군자가 용기는 있지만 예가 없으면 세상을 어지럽히고, 소인이 용기만 있고 예가 없으면 도둑이 된다."

子曰, 君子有勇而無禮, 爲亂, 小人有勇而無禮, 爲盜.

子曰(자왈), 君子有勇而無禮 (군자유용이무례)면 爲亂(위란)하고, 小人(소인)이 有勇而無禮(유용이무례)면 爲盜(위도)니라.

If a true gentleman has great courage but does not obey the rules of etiquette, he will cause the world to fall into disarray. If an average man should has great courage, but does not obey the rules of etiquette, he will most likely become a thief.

- 勇: 날쌜 용 • 盜: 훔칠 도

14. 이치에 어긋나면 도의를 상한다

노인과 젊은이 그리고 어른과 어린이는 하늘이 정해 놓은 질서이니, 이치에 어긋나게 해서 도의를 상하면 안 된다.

老少長幼, 天分秩序, 不可悖理而傷道也.

老少長幼(노소장유)는 天分秩序(천분질서)니 不可悖理而傷道也(불가패리이상도야)니다.

Since the difference between the old and the young would be set by heaven, you could not break the rules set between them. If you would violate your duty to respect your elders, you should be violating your ethical duties.

- 秩: 차례 질 • 悖: 어그러질 패
- 傷: 상할 상

15. 어른을 공경하라

노인과 젊은이, 어른과 아이는 하늘이 나누어 놓은 질서이니 이치에 어긋나게 해서 도리를 해쳐서는 안 된다.

老少長幼, 天分秩序, 不家悖理而傷道也.

老少長幼(노소장유)는 天分秩序(천분질서)니 不家悖理而傷道也(불가패리이상도야)니라.

Since the difference between the old and the young is set by heaven, if one breaks the rules set between them and violates his duty to respest his elders, he shall be violating his ethical duties.

• 少: 적을 소 • 傷: 상처 상

▶ 예(禮)는 무엇 때문에 생겼을까? 순자(荀子)는 "사람은 나면서 우는 데 절제와 한계가 없으니 이로 인해 다툼이 생긴다. 다투면 어지러워지고 어지러워지면 궁해진다. 성인들이 그 어지러움을 싫어하여 예의를 만들어 분별력을 가지게 하고 욕망을 길들이게 하였으며, 구하는 바를 고르게 공급되게 하여 욕심을 내되 재물이 궁하지 않게 하고, 재물이 욕망 때문에 바닥나지 않게 하여 조화를 도모한 것이다."라고 하였다. 예란 어찌할 수 없는 인간의 욕망과 그로 인한 분쟁을 조정하기 위해 인간이 만들어낸 하나의 장치라고 할 수 있다.

예란 질서를 의미하므로 가정이나 사회 규모에 상관없이 집단에서는 질서가 필요하다. 다양한 개성을 가지고 자기주장을 하는 인간 집단에서 합의된 결론을 도출하는 일을 진척시키기가 어려우므로 사람들 간의 관계에 일정한 기준과 원칙이 필요한 것이다.

먼저 나고 뒤에 나는 것은 자신의 의지와는 무관한 일이다. 이 순서는 인위적으로 바꿀 수 없는 것이다. 그러므로 연장자에 대한 공경을 가르쳤다. 세상을 살다 보면 나이 먹은 만큼 이해의 폭도 넓다는 것이 인식될 때가 있다. 사람을 만나면 상대의 나이를 묻고 나이에 따라 태도를 결정하는 것은 우리의 집단무의식이라고 할 수 있다. 효율적으로 조직을 운용하기 위해 만들어진 질서가 때로 조직의 발전을 저해하기도 한다. 나이 많다는 이유로 권위를 내세워 아랫사람의 진취성을 억압하거나 부당한 처우를 받고도 나이 많은 사람이라 항변하지 못하는 경우가 그렇다. 하지만 도덕적 질서를 위한 최소한의 구속은 우리 행동의 한계를 미리 설정하는 의미가 있음을 명심하여야 할 것이다.

언제부터인가 지하철이나 버스 안에서 주위를 의식하지 않고 소란스럽게 이야기 하는 것이 유행처럼 되어 버렸다. 나이 어린 학생들은 물론이고 부인들도 서너 명이 모이면 사춘기 소녀들 못지않게 왁자지껄하고 노인 좌석에 앉은 노인들도 마찬가지다. 이제는 다른 사람을 배려하고 모두를 위해 자제하는 마음으로 조용히 생각에 젖어 있거나 책에 몰두해 있는 옆 사람을 한번쯤 의식해야 할 것이다.

12. 지혜편(智慧篇) 15조

신의(信義)와 선견지명에 관한 말로 근면과 절약으로 유비무환의 지혜와 오만(傲慢)과 허영을 훈계해야 함을 논하고 있다. 또 타인에게 언제나 겸손하고 용서하는 마음으로 널리 베푸는 관용의 자세로 대하여야 하는 자기 수양과 처세의 글들이 수록되어 있다.

1. 미래를 알려거든 과거를 살펴라

앞날을 알고자 하거든 먼저 지난 일들을 살펴라.

欲知未來, 先察已然.

欲知未來(욕지미래)어든 先察已然(선찰이연)이니라.

If you want to know what would be in the future, just examine what you did and are doing.

• 察: 살필 찰 • 然: 그러할 연

2. 과거는 현재를 알게 한다

공자가 말하였다. “맑은 거울은 얼굴을 살피게 하고 지나간 일은 현재를 알게 한다.”

子曰, 明鏡所以察形, 往者所以知今.

子曰(자왈), 明鏡(명경)은 所以察形(소이찰형)이요 往者(왕자)는 所以知今(소이지금)이니라.

Your face could be examined through the clean mirror, and your present situation through your past.

- 所以(소이): 까닭, 수단 • 察形(찰형): 얼굴을 살핌
- 鏡: 거울 경. 金과 竟이 결합한 글자로 옛날 거울은 쇠로 만들어졌음
- 察: 살필 찰

3. 과거사는 기억에 생생하지만 미래사는 예측하기 어렵다

지나간 일은 맑은 거울처럼 밝고, 앞날의 일은 칠흑처럼 어둡다.

過去事, 如明鏡. 未來事, 暗似漆.

過去事(과거사)는 如明鏡(여명경)이요 未來事(미래사)는 暗似漆(암사칠)이로다.

The past could be revealed as clearly as a clean mirror, but the future as dark as pitch-dark night.

- 암사칠(暗似漆): 어둡기가 칠흑과 같음
- 鏡: 거울 경
- 暗: 어두울 암
- 漆: 옻 칠. 水+木+水가 결합된 글자로 옻나무에서 수액을 채취하여 옻을 만듦

4. 다가올 일은 알기 어렵다

『경행록』에 말하였다. "내일 아침 일을 오늘 저녁 무렵에 꼭 알 수 없으며 오늘 저녁의 일을 오후 네 시에도 꼭 알 수가 없다."

景行錄云, 明朝之事, 薄暮不可必. 薄暮之事, 晡時不可必.

景行錄云(경행록운), 明朝之事(명조지사)를 薄暮(박모)에 不可必(불가필)이요 薄暮之事(박모지사)를 晡時(포시)에 不可必(불가필)이니라.

You could not estimate tomorrow morning in this evening, furthermore never this evening though in this afternoon at four.

- **薄暮(박모)**: 날 저물 때
- **不可必(불가필)**: 기필하지 못함. 반드시 그렇다고 할 수 없음
- **晡時(포시)**: 오후 3시-5시
- **錄**: 기록할 록
- **薄**: 엷을 박. 佳人薄命
- **晡**: 먹일 포. 口와 甫가 결합한 형성문자로, '보' 음이 '포'로 바뀌었음
- **暮**: 저물 모. 莫과 日가 결합한 형성문자로 해가 졌음을 뜻함

5. 즐거움 속에도 미래에 닥칠 근심에 대비하자

특별한 즐거움을 가졌거든 모름지기 예측할 수 없는 근심을 막아야 한다.

既取非常樂, 須防不測憂.

既取非常樂(기취비상락)이어든 須防不測憂(수방불측우)니라.

Be careful your unexpected and good luck, and prepare for your unexpected and emergent anxiety.

- 非常樂(비상락): 보통이 아닌 특별한 즐거움
- 不測憂(불측우): 예측하지 못할 근심
- 既: 이미 기 • 取: 취할 취 • 須: 모름지기 수
- 測: 헤아릴 측 • 憂: 근심 우

6. 사랑받고 있을 때 위험을 생각하라

사랑을 받을 때 욕된 일이 있을까 생각하고, 편안하게 살 때에는 위험이 닥쳐오지 않을까 생각하라.[1]

---

1) 편안하고 즐거움을 누릴 때일수록 위급할 때를 생각해야 한다는 것으로 다음과 같은 일화가 있다. 옛날 한나라가 초나라를 꺾고 대륙을 통일했을 때의 일이다. 유방은 부하 중에서 가장 용맹하게 싸운 한신을 총애하여 초나라 왕으로 삼았다. 그런데 유방이 한신의 부하인 종리매를 잡아오라고 하자 한신은 고민했다. 종리매는 옛날 그가 어려움에 처했을 때 그를 숨겨 주었던 것이다. 한신은 고민 끝에 그를 체포하였다. 종리매는 한신의 옹졸함과 유방의 저의를 꾸짖고는 스스로 목을 베어 한신의 뜻에 따랐다. 한신은 총애를 잃지 않으려고 친구

得寵思辱, 居安慮危.

得寵思辱(득총사욕)하고 居安慮危(거안려위)하라.

You should prepare for the resignation when be loved, and danger when be in peace.

- 得寵(득총): 윗사람의 사랑을 얻음
- 寵: 사랑할 총 • 慮: 생각 려

7. 의심받을 일은 아예 하지 말라

태공이 말하였다. "외밭에서는 신을 고쳐 신지 말고, 오얏나무 밑에서는 갓을 고쳐 쓰지 말라."

太公曰, 瓜田不納履, 李下不正冠.

太公曰(태공왈), 瓜田(과전)에 不納履(불납리)하고 李下(이하)에 不正冠(부정관)이니라.

Don't put off you shoes in other's cucumber plot, and also don't correct your hat under other's plum tree.

- 瓜: 외 과 • 納: 맬 납 • 履: 신 리

의 목을 바치기까지 했지만 유방은 그를 체포했다. 한신은 노기충천한 목소리로 말했다. "달아나던 토끼를 잡고나면 훌륭한 사냥개가 삶겨지고, 높이 날던 새를 잡고나면 좋은 활도 버려지며, 적국이 무너지면 지혜 있는 신하도 죽임을 당하게 마련이라 하던데 과연 그 말이 맞구나. 천하가 이미 평정됐으니 나 역시 사냥개처럼 삶아지는구나."

• 李: 오얏 리. 오얏은 자두이다.
• 冠: 갓 관

8. 힘으로 남을 이기려 하지 말라

맹자가 말하였다. "힘으로 남을 이기려 하면 겉으로는 복종하는 체 하지만 진심으로 복종한 것이 아니라 힘이 부족해서요, 덕으로써 남을 복종시키려 하면 마음속으로 기뻐서 진심으로 복종하게 된다."

孟子曰, 以力服人者, 非心服也, 力不贍也, 以德服人者, 中心悅而誠服也.

孟子曰(맹자왈), 以力服人者(이력복인자)는 非心服也(비심복야)라 力不贍也(역불섬야)요 以德服人者(이덕복인자)는 中心悅而誠服也(중심열이성복야)니라.

Absolute conquer with power could not lead out willing and active obedience. But the virtue could lead out it from others.

• 贍: 볼 첨 • 悅: 기쁠 열
• 誠: 정성 성

9. 나를 칭찬하는 사람을 조심해라

공자가 말하였다. "나를 착하다고 말하는 사람은 나를 해치는 적이고, 나의 나쁜 점을 말하여 주는 사람은 나의 스승이다."

道吾善者, 是吾賊. 道吾惡者, 是吾師.

道吾善者(도오선자)는 是吾賊(시오적)이요 道吾惡者(도오악자)는 是吾師(시오사)니라.

The man, who would talk about your merits easily, could be your enemy. And also talk about your faults honestly, would could be your teacher.

- 敵: 적 적, 해칠 적
- 惡: 악할 악, 미워할 오
- 道: 말할 도, 길 도, 도리 도
- 敵: 해칠 적. 막대를 들고 친다는 뜻
- 適: 갈 적 • 滴: 물방울 적
- 摘: 딸 적

10. 누구에게나 배울 점이 있다

공자가 말하였다. "세 사람이 길을 가면 반드시 내 스승이 있게 마련이다. 착한 사람한테서는 그 선함을 배우고, 악한 사람한테서는 그를 보고 자신의 잘못을 반성할 수 있다."

子曰, 三人行, 必有我師焉. 擇其善者而從之, 其不善者而改之.

子曰(자왈), 三人行(삼인행)에 必有我師焉(필유아사언)이니 擇其善者而從之(택기선자이종지)요 其不善者而改之(기불선자이개지)니라.

When walking with two other people, I will always find a

teacher among them. I focus on those who are good and seek to emulate them, and focus on those who are bad in order to be reminded of what needs to be changed in myself.

• 擇: 가릴 택 • 從: 좇을 종

11. 한쪽 말만 믿어서는 안 된다

한쪽 말만 들으면 서로 헤어지게 된다.

若聽一面說, 便見相離別.

若聽一面說(약청일면설)이면 便見相離別(편견상이별)이니라.

If you would be willing to hear one sided opinion, you could not but leave each other forever.

• 聽: 들을 청 • 離: 떠날 리

12. 남을 욕하는 건 하늘에 침 뱉는 격이다

악한 사람이 착한 사람을 욕하거든 모른 체해야 한다. 모른 체하고 대답하지 않으면 마음이 편하고 욕하는 사람의 입만 아플 뿐이다. 이는 마치 누워서 침을 뱉으면 다시 자기에게로 떨어지는 것과 같다.

惡人罵善人, 善人摠不對. 不對心淸閑, 罵者口熱沸. 正如人唾天, 還從己身墜.

惡人(악인)이 罵善人(매선인)커든 善人(선인)은 摠不對(총부대)하라. 不對(부대)는 心淸閑(심청한)이요 罵者(매자)는 口熱沸(구열비)니라. 正如人唾天(정여인타천)하여 還從己身墜(환종기신추)니라.

When you hear an evil person scold a good one, never engage in retorting back. Then you could be easy and peaceful. But the scolding mouth could not but suffer from a fever. To scold and criticize others is just like a boomerang curse.

- 不對(부대): 대꾸하지 않음
- 正如(정여): 마치 - 같다
- 罵: 꾸짖을 매 • 摠: 다 총
- 熱: 더울 열
- 沸: 끓을 비. 沸騰點 沸騰
- 唾: 침 타. 唾液
- 還: 도로 환. 還元 還生 歸還 返還
- 墜: 떨어질 추. 墜落 失墜
- 淸: 맑을 청

13. 함부로 남의 말을 하지 말라

노자가 말하였다. "남이 알아서는 안 될 일은 처음부터 하지 않는 것이 제일 좋고, 남이 이러쿵저러쿵 말하지 않게 하려면 처음부터 말을 안 하는 것이 제일 좋다."

老子曰, 欲人不知, 莫若無爲, 欲人不言, 莫若不言.

老子曰(노자왈), 欲人不知(욕인부지)인댄 莫若無爲(막약무위)하고 欲人不言(욕인불언)인댄 莫若不言(막약불언)이니라.

If you would not want others to know what you do, don't start to do it, and also not want to be in others' mouth, don't speak first.

• 爲: 할 위

14. 남의 말을 쉽게 믿지 말라

공자가 말하였다. "여러 사람이 그를 미워하더라도 반드시 살펴보고, 여러 사람이 그를 좋아하더라도 반드시 살펴보아야 한다."[2]

子曰, 衆好之必察焉, 衆惡之必察焉.

子曰(자왈), 衆(중)이 好之(호지)라도 必察焉(필찰언)하며 衆(중)이 惡之(오지)라도 必察焉(필찰언)이라.

You should examine the one popularly favored, and also the one detested.

• 衆: 무리 중 • 好: 좋을 호

---

2) 옛날에 두꺼비와 개미가 살았는데 서로 자기가 더 크다고 다투었다. 어느 날 우연히 지나가던 할아버지와 손녀가 그 둘을 보고는 한마디씩 했다. 즉, 개미가 여느 놈들보다 큰 몸집들인데 놀라 개미는 황소에 두꺼비는 당나귀에 비유했던 것이다. 이 말 한 마디에 의기양양해진 개미는 자기가 더 크다고 큰소리를 쳤다. 기가 죽은 두꺼비는 꿀 먹은 벙어리처럼 아무 말 못하고 말았다. 뻔한 사실 앞에서도 남의 말에 흔들려 진실을 포기하는 두꺼비가 적지 않은 듯하다.

• 察: 살필 찰 • 焉: 어조사 언
• 惡: 악할 악, 미워할 오. 善惡 憎惡 嫌惡

15. 지혜는 경험에서 얻어진다

한 가지 일을 겪지 않으면 한 가지 지혜가 자라지 못한다.

不經一事, 不長一智.

不經一事(불경일사)면 不長一智(부장일지)니라.

No hard experience, no wisdom.

• 經: 날줄 경. 지날 경, 여기서는 경험한다는 뜻.
• 智: 슬기 지

▶ 공자가 말하기를, "옛것을 잊지 않고 새것을 알면 스승이 될 수 있다(溫故而知新 可以爲師矣)"고 했다. 공자가 말한 옛것은 주나라 때의 문물, 특히 예(禮)와 악(樂)을 말한다. 공자는 제후들이 패권을 다투는 어지러운 시대에 이상적 시대로 여겨진 주나라 때의 문물과 제도 그리고 그 정신을 되살리기 위해 애썼다. 그는 옛 전통 위에 새로운 것을 받아들여야 제대로 된 정치와 사회를 구현할 수 있다고 보았던 것이다. 과거는 현재와 미래를 비추는 거울이다. 거울이 아무리 낡았다 해도 잘 닦기만 한다면 사물을 뚜렷하게 비춰 낼 것이다.

트로이 목마의 이야기에 의하면 그리스 각지에서 모인 영웅들이 트로이를 함락시키기 위하여 십년 동안의 싸움을 벌였다. 그러나 왕과 신하, 백성이 똘똘 뭉쳐 싸우는 트로이를 쉽게 이길 수는 없었다. 지칠 대로 지친 그리스 군은 마지막 계략으로 병사를 숨긴 거대한 목마를 선물하고 물러났다. 지쳐있던 트로이 사람들은 뜻밖의 상황에 그간의 경계심을 풀고 확인도 안한 채 목마를 성문 안에 들여놓고 밤새도록 술을 마시며 승전을 자축했다. 그러나 기쁨도 잠시, 행운의 전리품은 죽음의 사자로 변하여 목마 안에 숨어 있던 그리스 병사들이 쏟아져 나와 성문을 열었다. 이처럼 갑작스런 행운이 있으면 갑작스런 불행이나 근심도 있는 법이라는 것을 명심하고 늘 조심스런 마음가짐을 잃지 말아야할 것이다.

13. 수신편(修身篇) 15조

자신을 바르고 엄하게 관리하면서 일상생활을 항상 반성하며 모든 일에 성의를 다하여 감정을 통제해서 맑고 청렴하고 담백한 생활을 영위해야 할 것을 논하고 있다. 즉 일상에서 올바른 마음 자세로 자신을 보양하며 타인을 욕되게 하지 않고 자신의 품위를 지킬 것을 논하고 있다.

1. 근면은 보배와 같다

태공이 말하였다. "근면함은 값으로 따질 수 없는 보배이며, 근신함은 몸을 보호하는 부적이다."[1]

太公曰, 勤爲無價之寶, 愼是護身之符.

太公曰(태공왈), 勤爲無價之寶(근위무가지보)요 愼是護身之符(신시호신지부)니라.

---

1) 근면함은 그 어떤 재능보다도 소중한 자세이다. 모자란 재능을 근면함으로 채운 예는 많지만, 성실함 없이 재능만으로 끝까지 빛을 발한 경우는 드물기 때문이다. J. 레이놀즈란 사람이 한 말이 있다. "만일 당신이 위대한 재능을 타고났다면 근면은 이 재능을 더욱 발전시킬 것이다. 만일 타고난 재능이 평범하다면 근면은 이 결점을 보완해 줄 것이다."

Diligence is priceless, and self-control works as a charm in taking care of oneself.

- 無價(무가): 값으로 따질 수 없음.
- 勤: 부지런할 근 • 價: 값 가 • 愼: 삼갈 신
- 護: 보호할 호 • 寶: 보배 보.

2. 참음은 모든 일을 원만하게 한다

한때의 분함을 참으면 백날의 근심을 면할 수 있다.

忍一時之賁, 免百日之憂.

忍一時之賁(인일시지분)이면 免百日之憂(면백일지우)니라.

Try to endure you prompt anger, and you could avoid your indignity and anxiety then.

- 忍: 참을 인. 忍耐 • 認: 알 인 • 忿: 분할 분. 忿怒
- 憤: 성낼 분 • 憂: 근심 우. 憂慮 • 優: 넉넉할 우

3. 자신만 소중히 여기고 남을 가볍게 여기지 말라

태공이 말하였다. "자기의 몸이 귀하다고 남을 천하게 여기지 말며, 자기 자신이 크다고 하여 남의 작음을 멸시하지 말고, 자신의 용맹을 믿고 적을 가볍게 여기지 말라."[2]

---

2) 겸양이란 동서고금을 막론하고 칭송받는 미덕이다. 옛날 그리스 아티카에 재산

太公曰, 勿以貴己而賤人, 勿以自大而蔑小, 勿以恃勇而輕敵.

太公曰(태공왈), 勿以貴己而賤人(물이귀기이천인)하고 勿以自大而蔑小(물이자대이멸소)하고 勿以恃勇而輕敵(물이시용이경적)하라.

Even though you would consider yourself noble, do not look down on others. Even though you would think yourself great, do not look down others's being little. Even though you would be confident of your courage, do not treat your enemies lightly.

- 貴: 귀할 귀 • 蔑: 업신여길 멸
- 恃: 믿을 시 • 勇: 날랠 용
- 輕: 가벼울 경. 車와 巠이 결합한 형성문자로 수레에 싣고 가니 가볍다는 뜻
- 逕: 좁은 길 경 • 徑: 지름길 경
- 賤: 천할 천 • 踐: 밟을 천
- 淺: 얕을 천 • 敵: 해칠 적
- 適: 갈 적 • 滴: 물방울 적
- 摘: 딸 적
- 自大(자대): 스스로 큰척하고 자만함

자랑이 유별난 사람의 이야기가 있다. 그는 여러 재산 가운데서도 논밭이 많은 것에 대해 거들먹거리고 다녔다. 하루는 소크라테스가 그에게 세계지도를 보이며 아티카를 찾아보라고 했다. 그는 어렵지 않게 찾아내고는 의기양양해졌다. 그러자 이번에는 그의 논밭을 찾아보라고 했다. 그는 거만하게 웃으며 샅샅이 찾아보았지만 찾을 수가 없었다. 안절부절못하는 그의 모습을 보고 소크라테스는 "당신이 가진 것이 아무리 크고 높다 해도 세상의 눈으로 보면 하잘 것 없소. 그런 보잘 것 없는 것을 가지고 자만에 빠지고 남을 업신여겨 온 게 바로 당신이었소." 라고 말했다.

4. 군자는 여색과 싸움과 욕심을 경계하라

공자가 말하였다. "군자는 경계할 것이 세 가지 있으니 젊을 때에는 혈기가 왕성해서 그 정도를 알 수 없어 여색(女色)을 경계해야 하고, 장년에 이르러 장성함에 따라 혈기가 또한 왕성하므로 싸움을 경계해야 하며, 늙어 감에 따라 혈기가 이미 쇠약해졌으므로 욕심을 내어 얻고자 하는 것을 경계해야 한다."

子曰, 君子有三戒, 小之時, 血氣未定, 戒之在色, 及其壯也. 血氣方剛, 戒之在鬪, 及其老也, 血氣旣衰, 戒之在得.

子曰(자왈), 君子有三戒(군자유삼계)하니 小之時(소지시)엔 血氣未定(혈기미정)이라 戒之在色(계지재색)하고 及其壯也(급기장야)하야 血氣方剛(혈기방강)이라 戒之在鬪(계지재투)하고 及其老也(급기로야)하야 血氣旣衰(혈기기쇠)라 戒之在得(계지재득)이니라.

The gentleman should guard against three things; when he be young, and his blood and vital essence be still unstable, he should guard against the temptation of female beauty; when he reach his prime, and his blood and vital essence have become unyielding, he should guard against being contentious; when he reach old age, and his blood and vital essence have begun to decline, he should guard against being acquisitive.

- 君子(군자): 지덕을 겸비한 훌륭한 남자
- 血氣(혈기): 격동하기 쉬운 의기
- 色(색): 여자를 말함
- 得: 얻을 득, 욕심, 재물, 名利 君: 임금 군, 군자 군
- 戒: 경계할 계 • 時: 때 시 • 氣: 기운 기
- 及: 미칠 급. 波及 遡及

- 剛: 굳셀 강. 剛直 剛性
- 鬪: 싸울 투. 戰鬪 鬪爭
- 旣: 이미 기. 旣決 旣婚 旣成服
- 衰: 쇠할 쇠. 興亡盛衰 衰退

5. 감정의 지배를 받으면 일을 그르치기가 쉽다

마음을 안정시켜 사물에 응하면 비록 글을 읽지 아니하였더라도 가히 써 덕이 있는 군자가 되느니라.[3]

定心應物, 雖不讀書, 可以爲有德君子.

定心應物(정심응물)하면 雖不讀書(수불독서)라도 可以爲有德君子(가이위유덕군자)니라.

If you would keep yourself righteous, you could become gentleman and virtuous, though you were not learned.

- 應: 응할 응 • 雖: 비록 수
- 讀: 읽을 독 • 德: 덕 덕

---

3) 정신이 불안정하고 감정의 지배를 받으면 일을 그르치기 쉽다. 마음을 편안하게 하여 사물을 대하면 비록 책을 읽지 않더라도 능히 덕이 있는 군자가 될 수 있다.

6. 분함은 참아야 하고 욕심은 자제하라

『근사록』에 말하였다. "분함을 억누르기를 불을 끄듯이 하고, 욕심을 누르기를 물을 막듯이 해야 한다."[4]

近思錄云, 懲忿如救火, 窒慾如防水.

---

4) 살아생전 거지였든 혹은 대통령이었든 간에 백년까지 살기 힘들고 죽어 묻힐 땅은 꼭 제 몸 크기만 하면 족하다. 그리고 묻히고 나면 그 무덤을 백년까지 보존하기 힘들다고 한다. 한 줌 흙으로 돌아갈 인생살이에서 부귀영화란 그저 좋은 옷 한 벌에 불과하다. 때가 되면 훌훌 벗어주어야 하는 옷. 그 허망한 옷 한 벌을 위해 탐내고 다투고 화내기에는 우리 인생은 너무 짧고 허무하다. 옛날 중국의 주나라에 윤씨라는 큰 부자의 다음과 같은 일화가 있다. 윤씨는 이미 큰 재산을 모아 남부러울 게 없었지만 하루하루 늘어가는 재산을 보는 게 유일한 낙이었다. 그 밑의 하인들은 당연히 가혹한 일에 시달려야 했다. 꼭두새벽부터 한밤중까지 일이 그치지 않았지만, 윤씨는 쇠경 몇 푼 더 주는 법도, 수고한다는 말 한 마디 하는 법도 없었다. 그래서 모든 하인들이 윤씨를 욕했지만, 한 늙은이만은 언제나 즐거운 표정으로 묵묵히 일하는 것이었다. 힘이 부쳐 끙끙대면서도 불평 한 마디 하는 일이 없었다. 윤씨는 늙은 하인을 보면서 궁금증이 일어났다. '한낱 하인으로 고된 일에 시달리며 사는 저 늙은이 얼굴에는 왜 항상 웃음이 어려 있을까? 이렇게 유복하게 사는 나도 항상 괴로운데.' 그런 생각을 하자 윤씨는 밤마다 꾸는 악몽이 떠올랐다. 자신이 낮에 그렇게도 매몰차게 부려대던 하인이 되어 혹독한 종살이를 하는 꿈이었다. 밤새도록 종살이를 하고 나면 온몸이 쑤시고 욱신거려서 일어나기조차 힘들었다. 늘 이런 꿈에 시달리던 윤씨는 피곤함으로 인해 사소한 일에도 짜증을 내곤 했다. 참다못한 윤씨가 늙은 하인에게 즐겁게 사는 비결을 물었다. "저는 비록 낮에는 종노릇을 하지만 밤마다 임금이 되어 부귀영화를 누리는 꿈을 꿉니다. 인생의 반은 밤인데 낮의 고됨을 어찌 괴롭다 하겠습니까? 저에게는 낮과 밤이 모두 뜻있는 삶입니다. 그래서 저는 종으로 사는 낮 시간에도 임금으로 사는 법을 깨닫게 되었습니다." 이 말을 듣고 윤씨는 당황하면서도 큰 깨달음을 얻었다. 그래서 그는 마음을 고쳐먹고 하인들의 일을 덜어주고 예전에는 생각지도 못한 온정을 베풀었다. 이렇게 하자 윤씨의 피곤함과 짜증은 거짓말처럼 없어졌다고 한다.

近思錄云(근사록운), 懲忿(징분)을 如救火(여구화)하고 窒慾(질욕)을 如防水(여방수)하라.

Try to suppress your anger as if extinguish the fire, and try to suppress your selfishness and desire as if blocking the flow of water.

- 近思錄(근사록): 송나라 때 주자와 제자 여조겸이 학자들의 금언을 모아 엮은 책
- 懲: 징계할 징. 懲戒 • 忿: 분할 분. 忿怒
- 窒: 막을 질. 窒素 窒酸 窒急 窒塞
- 慾: 욕심 욕 • 防: 막을 방
- 懲忿(징분): 분한 것을 참음
- 救火(구화): 불을 끔 • 窒慾(질욕): 욕심을 막음
- 忿: 분할 분 • 憤: 성낼 분 • 慾: 욕심 욕

7. 말은 신용이 있어야 하고 행동은 공경스러워야 한다

장사숙의 좌우명에 이런 말이 있다. "무릇 말을 할 때는 반드시 정성스럽고 신용이 있어야 하며, 모든 행동을 할 때는 반드시 돈독하고 공경스러워야 하며, 음식은 반드시 신중하고 알맞게 먹어야 하며, 글씨는 반드시 똑똑하고 바르게 써야 하며, 용모는 반드시 단정해야 하며, 의관은 반드시 정제되고 엄숙해야 하며, 걸음걸이는 반드시 안정되고 점잖아야 한다. 사는 곳은 반드시 바르고 조용해야 하며, 일을 할 때는 반드시 계획을 세우고 난 후에 시작해야 하며, 말을 할 때는 반드시 그것을 실천할 수 있는지 없는지를 들이켜 생각해야 하며, 일상의 덕은 반드시 굳게 가지며, 일을 허락할 때는 반드시 신중히 생각

해서 응해야 하며, 착한 일을 보면 반드시 자기 일과 같이 여기며, 악한 일을 보면 자기의 질병처럼 생각하라. 모두 이 열 네 가지는 내가 아직 깊이 깨닫지 못한 것이다. 이것을 써서 자리 오른편에 붙여 놓고 아침저녁으로 보고 경계하라."

張思淑座右銘曰, 凡語必忠信, 凡行必篤敬, 飮食必愼節, 字劃必楷正, 容貌必端正, 衣冠必整肅, 步履必安詳. 居處必正靜, 作事必謀始, 出言必顧行, 常德必固持, 然諾必重應, 見善如己出, 見惡如己病. 凡此十四者, 皆我未深省. 書此座右, 朝夕視爲警.

張思淑座右銘曰(장사숙좌우명왈), 凡語(범어)를 必忠信(필충신)하며 凡行(범행)을 必篤敬(필독경)하며 飮食(음식)을 必愼節(필신절)하며 字劃(자획)을 必楷正(필해정)하며 容貌(용모)를 必端正(필단정)하며 衣冠(의관)을 必整肅(필정숙)하며 步履(보리)는 必安詳(필안상)이니라. 居處(거처)를 必正靜(필정정)하며 作事(작사)를 必謀始(필모시)하며 出言(출언)을 必顧行(필고행)하며 常德(상덕)을 必固持(필고지)하며 然諾(연락)을 必重應(필중려)하며 見善如己出(견선여기출)하며 見惡如己病(견악여기병)하라. 凡此十四者(범차십사자)는 皆我未深省(개아미심성)이라. 書此座右(서차좌우)하여 朝夕視爲警(조석시위경)하노라.

Whenever something is said, it should be done so in all sincerity and good faith. Every action should be done respectfully and warmheartedly. Eat in adequate amounts. Save papers and should be written legibly and clearly on them. Your features should be good, manners should be well rounded and solemn. and your strut should be firm but gentle. Your dwellings should be honorable and quiet, and begin to work, after a plan has been formulated. Before announcing, you should ascertain the possibility of the practicability of what is said. Common morality should always be firmly maintained. and when requested approval to do something, Think twice and answer. when seeing the good deeds of others, regard them as yours, and when seeing evil, think of it as if it were your own sickness. I am not yet deeply enlightened about all of these fourteen items. Write them down and keep them placed on the right side of your desk to awake you in the morning and evening.

- 張思叔(장사숙): 북송의 학자로 정자(程子)의 제자
- 座右銘(좌우명): 자리의 옆에 써두고 경계로 삼는 글
- 顧行(고행): 행실을 돌아봄
- 整肅(정숙): 단정하고 엄숙함
- 張: 베풀 장 • 叔: 아재비 숙
- 銘: 샛길 명 篤: 돈독할 독
- 敬: 공경 경 • 愼: 삼가 할 신
- 楷: 곧을 해 • 貌: 모양 모
- 端: 단정할 단 • 冠: 갓 관
- 肅: 엄숙할 숙 • 整: 가지런할 정
- 履: 밟을 리 • 詳: 자세할 상
- 處: 살 처 • 靜: 고요할 정
- 謀: 꾀할 모 • 顧: 돌아볼 고
- 諾: 응낙 낙 • 應: 응할 응
- 隅: 모퉁이 우 • 警: 깨우칠 경
- 銘: 새길 명. 金와 名이 결합한 형성문자로 쇠에 이름을 새겨 넣는다는 뜻
- 節: 마디 절, 절개 절
- 謨: 꾀할 모. 어떤 일을 할 때는 말을 해야 하므로 言이 들어감
- 模: 본뜰 모 • 暮: 저물 모
- 募: 모을 모 • 慕: 사모할 모
- 省: 살필 성. 적은 것까지 눈으로 살핀다는 뜻

8. 남의 장·단점과 이해득실에 관해서 말하지 말라

범익겸의 좌우명에 말하였다. "첫째, 조정에서의 이해와 변방으로부터 오는 보고와 관리의 임명에 관해서는 말하지 말라. 둘째, 주(州)나 현(縣)의 관리들의 장단점과 득(得)과 실(失)에 관해서 말하지 말라. 셋째, 많은 사람들이 잘못 되게 저지른 악한 일에 관해서 말하지 말라. 넷째, 관직에 나아가는 일과 기회를 따라 권세에 아부하는 것에 관하여 말하지 말라. 다섯째, 재물과 이익의 많고 적음과 가난이 싫다든가 부(富)를 구한다는 것에 관해 이야기하지 말라. 여섯째, 음탕하고 실없는 말과 여색(女色)에 관해 이야기하지 말라. 일곱째, 남의 물건을 탐내어 차지하려 한다든가 술과 음식을 뒤져 찾는 것에 관해 이야기하지 말라. 남에게서 전해 달라고 부탁 받은 편지를 뜯어보거나 지체하지 말 것이며, 남과 한자리에 나란히 있으면서 남의 개인적인 글을 엿보아서는 안 되며, 남의 집에 찾아 들어갔을 때 남의 글을 보아서는 안 된다. 남의 물건을 빌렸을 때 훼손시키거나 돌려주지 않으면 안 되고, 음식을 먹을 때는 가려 먹어서는 안 된다. 남과 같은 곳에 있을 때는 자기에게만 편리한 것을 취해서는 안 되고, 남의 부귀(富貴)를 부러워하거나 헐뜯지 말라. 무릇 이 몇 가지 일을 지키지 못하는 자라면 이것으로 마음 씀이 올바르지 못하다는 자질을 충분히 알 수 있어서 올바른 마음과 몸을 닦는 데 큰 손해가 있을 것이므로 이 글을 써서 스스로 경계하도록 하라."

范益謙座右銘曰, 一, 不言朝廷利害邊報差除, 二, 不言州縣官員長短得失, 三, 不言衆人所作過惡之事, 四, 不言仕進官職趨時附勢, 五, 不言財利多少厭貧求富, 六,不言淫媟戲慢評論女色, 七, 不言求覓人物干索酒食, 又人付書信, 不可開坼沈滯, 與人幷坐, 不可窺人私書, 凡入人家, 不可看人文字. 凡借人物, 不可損壞不還. 凡喫飮食, 不可揀擇去取. 與人同處, 不可自擇便利. 凡人富貴, 不可歎羨 訴毁. 凡此數事, 有犯之者, 足以見用心之不正, 於正心修身, 大有所害, 因書以自警.

范益謙座右銘曰(범익겸좌우명왈), 一(일), 不言朝廷利害邊報差除(불언조정이해변보차제)며 二(이), 不言州縣官員長短得失(불언주현관원장단득실)하며 三(삼), 不言衆人所作過惡之事(불언중인소작과악지사)며 四(사), 不言仕進官職趨時附勢(불언사진관직추시부세)며 五(오), 不言財利多少厭貧求富(불언재리다소염빈구부)며 六(육), 不言淫媟戲慢評論女色(불언음설희만평론여색)이며 七(칠), 不言求覓人物干索酒食(불언구멱인물간색주식)이며 又人付書信(우인부서신)을 不可開坼沈滯(불가개탁침체)요 與人幷坐(여인병좌)에 不可窺人私書(불가규인사서)요 凡入人家(범입인가)에 不可看人文字(불가간인문자)요. 凡借人物(범차인물)에 不可損壞不還(불가손괴불환)이요. 凡喫飮食(범끽음식)에 不可揀擇去取(불가간택거취)요. 與人同處(여인동처)에 不可自擇便利(불가자택편리)요. 凡人富貴(범인부귀)를 不可歎羨訴毁(불가탄선소훼)라. 凡此數事(범차수사)에 有犯之者(유범지자)면 足以見用心之不正(족이견용심지부정)이며 於正心修身(어정심수신)에 大有所害(대유소해)니 因書以自警(인서이자경)하노라.

First, don't announce the advantages of the imperial courts, reports coming from the frontiers, and government appointees. Second, don't talk about the good and bad, the gains and losses of the state, and prefecture officials. Third, don't talk about the low quality and evil deeds of many people who do wrong. Fourth, don't talk about entering the government service and your flattery to the authority when chances come. Fifth, don't speak of your favor on material, wealth and your benefit. Sixth, don't speak of lewdness, and womanizing, either. Seventh, don't speak of desire something belonging to someone else and seeking for food and liquor. Don't attempt to open a letter that someone asked you to send to other on, and don't delay its delivery. Don't attempt to read someone else's writing, who sitting side by side. and also other's private letters. when happening to go into other's home, don't attempt to look at what he has written. Don't damage nor fail to return other's property after borrowing it. And don't be particular about eating food. Where someone else's presence, don't insist on your comfort only .Don't envy or slander other's wealth and honor. Try to listen to your inner mind. And try to take your objective view of yourself. And do keep in your mind by memorizing these teachings and do practice hard.

- 朝廷利害(조정이해): 조정의 이익과 손해
- 淫晁絲慢(음조사만): 음탕하고 버릇없이 굴어 희롱하고 방탕함.
- 沈滯(침체): 묵혀둠 • 開坼(개탁): 뜯어 봄
- 揀擇(간택): 가림 • 足以見(족이견): 충분히 알 수 있음
- 范: 성 범 • 謙: 사양할 겸
- 邊: 가 변 • 州: 고을 주 • 縣: 고을 현 • 職: 직분 직
- 趨: 다를 추 • 附: 붙을 부 • 勢: 형세 세 • 厭: 싫을 염
- 媟: 깔 볼 설 • 淫: 음난할 음 • 嫌: 혐오할 혐
- 慢: 거만할 만 • 評: 평할 평 • 論: 논할 론
- 覔: 찾을 멱 • 坼: 터질 탁 • 沈: 잠길 침
- 滯: 잠길 체 • 幷: 아우를 병 窺: 엿볼 규 • 壞: 무너질 괴
- 還: 도로 환 • 喫: 먹을 끽 • 揀: 가릴 간 • 擇: 가릴 택
- 羨: 부러워할 선 • 毁: 헐 훼 • 警: 깨우칠 경
- 開: 열 개. 빗장을 여는 모양을 본떠서 만든 상형문자 閉: 닫을 폐
- 進: 나아갈 진
- 趨: 달릴 추. 走와 芻가 결합한 형성문자

9. 성냄을 삼가라

손진인이 양생명에 말하였다. "성을 심하게 내면 기운이 한쪽으로 치우쳐 상하게 되고, 생각을 많이 해 신경을 쓰게 되면 정신을 크게 상하게 된다. 정신이 피로해지면 마음이 쉽게 고달파지고, 기운이 약해지면 그에 따라서 병이 생기게 된다. 너무 지나치게 슬퍼하거나 기뻐하지 말고, 음식은 마땅히 골고루 취하여야 하며, 밤에 술에 취하는 것은 두 번 세 번 삼가야 하고, 새벽에 성내는 것을 가장 경계해야 한다."

孫眞人養生銘云, 怒甚偏傷氣, 思多太損神. 神疲心易役. 氣弱病相因. 勿使悲歡極, 當令飮食均, 再三防夜醉, 第一戒晨嗔.

孫眞人養生銘云(손진인양생명운), 怒甚偏傷氣(노심편상기)요, 思多太損神(사다태손신)이라. 神疲心易役(신피심이역)이요. 氣弱病相因(기약병상인)이라. 勿使悲歡極(물사비환극)하고 當令飮食均(당령음식균)하며 再三防夜醉(재삼방야취)하고 第一戒晨嗔(제일계신진)하라.

If one becomes extremely angry, he would hurt the bright side of his spirit. If one thinks too much, he would greatly injure his mind. If one's mind is tired, his heart would also easily become tired. If one's spirit is weak, he would get sick. We must never be too happy or too sad. We must eat right and not get drunk in the evening. But most of all, we should guard against becoming angry at dawn.

- 孫: 손자 손 • 眞: 참 진 • 養: 기를 양 • 怒: 성낼 노
- 偏: 치우칠 편 • 傷: 상할 상 • 太: 클 태 • 損: 덜 손
- 神: 귀신 신 • 疲: 피곤할 피 • 役: 부릴 역 • 弱: 약할 약

• 使: 하여금 사 • 悲: 슬플 비 • 歡: 기쁠 환 • 極: 다할 극
• 均: 고를 균 • 醉: 취할 취
• 眞人(진인): 참된 도를 체득한 사람. 남자 선인(仙人)을 말함
• 養生銘(양생명): 생명을 기르는데 유의해야 할 것을 적은 글
• 怒: 성낼 노 • 恕: 용서할 서 • 病: 병 병 • 嗔: 성낼 진
• 愼: 삼가할 신 • 悲: 슬플 비. 非와 心이 결합한 형성문자
• 晨: 새벽 신. 해가 나오고 별이 들어간다는 글자로 새벽을 뜻함

10. 잡념이 없어야 마음도 밝아진다

『경행록』에 말하였다. "음식이 깨끗하면 마음이 밝아지고, 마음이 맑으면 잠도 평안해진다."[5]

景行錄云, 食淡精神爽, 心淸夢寐安.

景行錄云(경행록운), 食淡精神爽(식담정신상)이요 心淸夢寐安(심청몽매안)이니라.

Simple food brings simple and clean mind, and its mind brings comfortable sleep.

---

5) 어느 마을에 꿀을 모으는 창고가 있었다. 달착지근한 꿀 냄새에 이끌린 파리 떼가 창고로 몰려들었다. 커다란 독 가득히 차 있는 꿀을 빨기 위해 파리들은 서로 뒤질세라 달려들었다. 그런데 정신없이 꿀을 빨던 파리들의 수가 하나둘씩 줄어들었다. 달콤한 꿀맛에 취해 온몸에 끈끈한 꿀이 묻는 줄도 모르다가 꿀 독 속으로 빨려 들어간 것이었다. 몇 시간도 안돼서 요란하던 파리 떼의 소음은 멎고 말았다. 아무리 발버둥 쳐도 헤어날 수 없는 꿀 독 속으로 가라앉으며 파리 한 마리가 탄식했다. "우리들은 참으로 불쌍한 족속이야. 이처럼 작은 쾌락과 목숨을 바꾸고 말다니!" 어리석은 인간이 순간적인 욕심이나 짧은 쾌락 때문에 몸과 마음을 망치는 일은 비일비재하다.

• 淡: 맑을 담, 묽을 담 • 精: 정기 정
• 爽: 상쾌할 상 • 夢: 꿈 몽. 胎夢 夢中
• 寐: 잠잘 매. 夢寐 寤寐不忘

11. 빈속에 차를 삼가고 밤중에는 적게 먹어라

『이견지』에 말하였다. "여색 피하기를 원수 피하듯이 하고, 바람 피하기를 화살 피하듯이 하라. 빈속에 차를 마시지 말고, 한밤중에는 밥을 적게 먹어라."

夷堅志云, 避色如避讐, 避風如避箭. 莫喫空心茶, 少食中夜飯.

夷堅志云(이견지운), 避色(피색)을 如避讐(여피수)하고 避風(피풍)을 如避箭(여피전)하라. 莫喫空心茶(막끽공심다)하고 少食中夜飯(소식중야반)하라.

Avoid the intercourse with woman as if you meet an enemy by chance, and be careful of the paralysis as if avoiding the arrow's flight. Don't drink tea before meal, and eat just a little at night.

• 夷: 오랑캐 이 • 堅: 굳을 견
• 避: 피할 피 • 讐: 원수 수
• 風: 바람 풍 • 箭: 화살 전 • 喫: 먹을 끽
• 茶: 차 다 • 飯: 밥 반
• 夷堅志(이견지): 宋代의 홍매(洪邁)가 지은 책으로 신선과 귀신의 이야기를 잡록한 책

12. 있을 때 잘하지 않으면 나중에 후회한다

구래공 육회명에 말하였다. "관리가 공적인 일을 하다가 부정한 짓을 하면 벼슬을 잃었을 때 후회하고, 부유할 때 비용을 절약하지 않으면 가난해졌을 때 후회하고, 기예(技藝)를 젊었을 때 배우지 않으면 때가 지났을 때 후회하게 되고, 일을 보고도 배우지 않으면 그것이 필요할 때 후회하게 되고, 술에 취했을 때 함부로 말하면 술에서 깨었을 때 후회하게 되고, 몸이 건강할 때 휴식을 취하지 않으면 병들었을 때 후회하게 된다.[6]

寇萊公六悔銘云, 官行私曲失時悔. 富不儉用貧時悔. 藝不少學過時悔. 見事不學用時悔. 醉後狂言醒時悔. 安不將息病時悔.

寇萊公六悔銘云(구래공육회명운), 官行私曲失時悔(관행사곡실시회)요. 富不儉用貧時悔(부불검용빈시회)요. 藝不小學過時悔(예불소학과시회)요. 見事不學用時悔(견사불학용시회)요. 醉後狂言醒時悔(취후광언성시회)요. 安不將息病時悔(안불장식병시회)라.

The unfairness of the official would cause his resignation and repentance. The waste of money when being rich would cause poverty and repentance. The failure to learn craft on time

---

6) 누구나가 사소한 일 때문에 뼈에 사무치는 후회를 해본 적이 한두 번쯤은 있을 것이다. 소를 잃기 전에 미리 외양간을 고치는 것보다 좋은 일은 없지만, 한편 참된 후회는 약이 될 수도 있다. 『탈무드』에 이런 말이 있다. "항상 침묵을 지키는 사람은 하느님께 가까워지기가 쉽다. 그러나 입이 가벼운 사람은 그 입술을 쓸데없이 놀리고 그 후에 외로움과 초조함을 느낀다. 후회는 그 사람이 후회한 것을 삼가 하려고 결심할 때에만 진실하다."

would cause repentance when needed. The random speech when drunken would cause repentance when awakened. Hard work and no rest would cause sickness when old.

- 寇萊公(구래공): 송나라의 재상
- 私曲(사곡): 부정(不正), 비행(非行). 사사로운 욕심 대문에 비리를 저지름
- 失時悔(실시회): 벼슬을 잃었을 때 뉘우침
- 광언(狂言): 주책없는 말
- 狂: 미칠 광. 狂人 狂犬病
- 息: 쉴 식 • 寇: 도적 구 • 萊: 쑥 래
- 悔: 뉘우칠 회. 後悔 悔恨
- 藝: 재주 예. 藝術 技藝 文藝
- 醉: 취할 취. 醉客 滿醉 醉中
- 醒: 깰 성. 覺醒 • 銘: 새길 명
- 病: 아플 병 • 貧: 가난 빈

13. 고생하는 것은 즐거움의 근원이 된다

재주 있는 사람은 재주 없는 사람의 노예가 되고, 고생하는 것은 즐거움의 근원이 된다.[7]

---

7) 장자의 말 중에 '무용지용(無用之用)'이라는 것이 있다. 어느 날 혜시가 장자를 쓸모없이 크기만 한 가죽나무에 빗대어 말하자 장자는 "비록 몸통은 울퉁불퉁하고 가지가 굽어져 쓸모가 없으나 벌판에 서 있으면 사람들이 찾아와 그늘 밑에서 쉬고, 목수가 도끼로 자르려 해도 힘이 들고 쓸모가 없어 내버려두니 이것이야말로 대용(大用)이 아닌가." 라고 했다. 즉 작은 재주를 인정받은 사람은 그 재주 때문에 평생을 그 틀에 묶여 살아야하기 때문에 참된 재주란 보다 높은 경지의 도(道)를 알고 그것에 맞춰 사는 것이라는 의미다.

巧者, 拙之奴, 苦者, 樂之母.

巧者(교자)는 拙之奴(졸지노)요 苦者(고자)는 樂之母(낙지모)니라.

Talented man would be a servant of the untalented, the hardship would be the source of happiness.

- 巧: 공교할 교. 예쁘다
- 拙: 졸할 졸. 서투르다
- 奴: 사내종 노

14. 원수를 만들지 말라

『경행록』에 이런 말이 있다. "남과 원수를 맺는 것은 재앙을 심는 것이고, 선을 버려두고 하지 않는 것은 스스로를 해치는 것이다."

景行錄云, 結怨於人, 謂之種禍, 捨善不爲, 謂之自賊.

景行錄云(경행록운), 結怨於人(결원어인)을 謂之種禍(위지종과)요 捨善不爲(사선불위)를 謂之自賊(위지자적)이니라.

Making friends your enemy would be planting a disaster, leaving aside good deeds would bring ruin yourself.

- 怨: 원망할 원

15. 악은 멀리하고 착함은 행하고 즐거워하라

강절 소선생이 말하였다. "남으로부터 비방을 듣더라도 화내지 말고, 남으로부터 칭찬을 듣더라도 기뻐하지 말며, 남으로부터 악한 말을 듣더라도 이에 곧 부화뇌동하지 말라. 남의 착한 말을 듣거든 곧 나아가 화하게 하고 또 그를 따르며 기뻐하라. 『시경』에 말하기를, 착한 사람 보기를 즐거워하고, 착한 일 듣기를 즐거워하며, 착한 말 전하기를 즐거워하고, 착한 뜻 행하기를 즐거워하라. 남의 악을 듣거든 몸에 가시를 지닌 듯이 하고, 남의 착함을 듣거든 몸에 난초를 지닌 것처럼 하라 하였다."[8]

康節召先生曰, 聞人之謗, 未嘗怒, 聞人之譽, 未嘗喜, 聞人之惡, 未嘗和. 聞人之善則就而和之, 又從而喜之. 其詩, 樂見善人, 樂聞善事, 樂道善言, 樂行善意. 聞人之惡, 如負芒刺, 聞人之善, 如佩蘭蕙.

康節召先生曰(강절소선생왈), 聞人之謗(문인지방)이라도 未嘗怒(미상로)하며 聞人之譽(문인지예)라도 未嘗喜(미상희)하며 聞人之惡(문인지악)이라도 未嘗和(미상화)하라. 聞人之善則就而和之(문인지선즉취

8) 이솝 우화에 악(惡)의 힘에 밀려 하늘로 쫓겨 간 선(善)들이 하느님께 애원한 이야기로 "하느님, 어떻게 하면 우리 선(善)들이 사람들하고 같이 살 수 있을까요?"라고 하자 하느님이 인자하게 웃으며 일러주었다. "한데 몰려다니면 악(惡)의 눈에 잘 띄니까 하나씩 떨어져 살도록 해라." 그래서 사람들은 주변에서 선(善)을 만나기가 어렵게 되었다. 세상에 우글대는 악(惡)을 피해 선(善)은 먼 하늘에서 하나씩 몰래 내려오기 때문이라는 것이다. 좋은 일 만나기가 쉽지 않은 각박한 세상에 선은 눈에 잘 띄지 않지만 곳곳에 선한 품성이 존재하니 선한 품성을 갖추고 지켜야 할 것이다.

이화지)하고 又從而喜之(우종이희지)하라. 其詩(기시)에, 樂見善人(낙견선인)하며 樂聞善事(낙문선사)하며 樂道善言(낙도선언)하고 樂行善意(낙행선의)하라. 聞人之惡(문인지악)이어든 如負芒刺(여부망자)하고 聞人之善(문인지선)이어든 如佩蘭蕙(여패란혜)하라.

Don't anger of slanders from others. Don't delight of praises from others. Don't agree with other's criticism on the man. Just follow and agree with other's praises on others. According to the Book of Poetry, Delight in meeting good man, delight in hearing good news, delight in delivering good news, delight in doing good. When hearing the criticizing other's faults, behavior as if grasping thorns. the praises of other's merits, behavior as if grasping a bundle of fragrant flowers.

- 康: 편안 강 • 節: 절개 절
- 邵: 성씨 소 • 謗: 꾸짖을 방
- 嘗: 일찍 상 • 怒: 성낼 노
- 譽: 명예 예 • 喜: 기쁠 희
- 和: 화할 화 • 就: 나아갈 취 • 負: 질 부
- 從: 따를 종. 간다는 뜻의 彳이 들어감.
- 芒: 까끄라기 망, 가시 망
- 刺: 가시 자 • 佩: 찰 패
- 蘭: 난초 란 • 蕙: 혜초 혜
- 未嘗和(미상화): 곧 화하지 말다. 和는 응하다, 따르다.
- 就而和之(취이화지): 나아가서 그와 어울림.
- 蘭蕙(난혜): 향기 나는 풀.

▶ 수신은 닦고 기른다는 뜻으로 정신수양 · 사리연구 · 작업취사의 삼학 가운데 정신수양의 준말로 사용된다. 통상적으로 도를 닦고 덕을 기르는 것을 의미하기도 하고, 심신을 단련하여 지혜와 덕행을 계발하며, 밖으로 산란한 경계에 끌리지 아니하여, 뚜렷하고 고요한 정신을 양성하는 것을 의미하기도 한다. 원불교에서는 "수양이 많아서 탁한 기운이 다 가라앉고 순전히 맑은 기운만 오르는 사람과, 맑은 기운이 많고 탁한 기운이 적은 사람과, 맑은 기운과 탁한 기운이 상반되는 사람과, 탁한 기운이 많고 맑은 기운이 적은 사람과, 순전히 탁한 기운만 있는 사람이 있다"는 것이라며 수양을 통하여 맑은 기운을 지니게 되는 방향을 제시하였다.

아리스토텔레스도 "수려한 얼굴은 어떠한 추천서 못지않게 효능이 있는 법이다."라고 하였다. 이 말은 단순히 잘생기거나 못생긴 얼굴 모습만을 두고 하는 말이 아니라 흔히 하는 말로 마흔 뒤의 얼굴은 자신이 책임져야 한다는 말과 상통한다. 사람의 내면적 품격은 아무리 감추려 해도 얼굴과 행위에 나타나는 법이다.

돈과 권력의 유혹 앞에서도 초연할 수 있는 사람은 매우 드물다. 치러야 할 대가를 알면서도 유혹에 빠지는 게 사람이다. 흔들리지 않는 마음 자세로 영국의 철학자 프랜시스 베이컨(Francis Bacon, 1561-1626)은 "육체의 욕망, 교만, 욕심은 사람이 갖고 있는 세 가지 유혹이다. 이로 인해 빚어지는 갖가지 불행이 인류의 무거운 짐이 되고 있다. 이 무서운 병을 고치는 방법은 오직 한 가지니 곧 수양뿐이다."라고 말했다.

사람의 일생을 구분하여 "유년기에는 문자를 배우게 하고, 장년기에는 도학을 배우며 노력하게 하고, 노년기에는 경치 좋고 한적한 곳에 들어가 세간의 애착 탐착을 다 여의고 생사대사를 연마하면서 겨

울과 여름에는 다시 수양생활을 주로 하라"하여 일생 중 노년기에는 수양에 힘쓸 것을 강조하기도 한다.

이른바 수양생활은 수신에 달려 있다 함은, 사람은 자기가 편애하는 바에 의해 치우치고, 증오하는 바에 의해 치우치고, 외경하는 바에 의해 치우치고, 동정하는 바에 의해 치우치고, 무시하는 바에 의해 치우친다. 따라서 좋아하면서도 그 단점을 인식하고 미워하면서도 그 장점은 알아주는 사람은 천하에 매우 드물다. 따라서 속담에 이르기를 '사람은 자기 자식의 단점은 모르고, 자기 묘판의 묘가 큰 것은 알아보지 못 한다'고 하였다. 이것이 바로 수신하지 못하면 제가할 수 없다는 말이다. 주자에 따르면 『대학』은 대인의 학문, 즉 군자로서의 올바른 행실을 가르치는 학문이다. 대학에는 3강령(綱領)과 8조목에 천하를 다스리고자(平天下) 한 사람은 먼저 그 나라를 다스렸으며(治國), 그 나라를 다스리고자 한 사람은 먼저 그 집을 다스렸고(齊家), 그 집을 다스리고자 한 사람은 그 몸을 다스렸다(修身). 또 그 몸을 다스리고자 한 사람은 먼저 그 마음을 다스렸고(正心), 그 마음을 다스리고자 한 사람은 먼저 그 뜻을 참되게 했으며(誠意), 그 뜻을 참되게 하고자 한 사람은 먼저 그 앎을 이루었다(致知). 앎을 이루는 것은 사물을 궁구함에 있다(格物). 따라서 천하를 다스리고자 하는 사람은 우선 자신의 몸을 다스려야 한다. 즉 수신은 악을 물리치고 선을 북돋아서 마음과 행실을 바르게 닦아 수양함을 뜻하기도 한다.

14. 언어편(言語篇) 15조

우리에게는 자신의 문제보다 타인의 결점이 먼저 눈에 띄어 말로 표현하는 이유를 이솝우화는 이렇게 설명한다. '사람은 누구나 두 개의 결점 주머니를 가지고 다닌다. 하나는 몸 앞에, 하나는 몸 뒤에. 그런데 앞쪽의 주머니에는 이웃사람의 결점이 가득 들어있고, 뒤쪽의 주머니에는 자기 자신의 결점이 가득 들어 있다. 그러므로 사람들은 자기 자신의 결점에는 눈이 어둡지만 이웃 사람의 결점은 결코 놓치는 법이 없다고 한다.

여기에서는 언어생활의 중요성과 그 책임성을 논하며 항상 말을 삼가하고 행동의 조심을 역설하고 있다.

1. 입은 조심할수록 좋다

주자가 말하였다. "입은 병마개를 닫듯이 조심하고, 뜻은 성을 지키듯이 하라."[1]

---

1) 입단속, 말조심은 사람들이 경계해야 할 행동으로 이와 관련한 속담과 격언이 많다. 그 중 하나로 "물고기는 언제나 입으로 낚인다. 사람도 역시 입으로 걸려든다. 그러나 사람은 입이 하나 귀가 둘이다. 이것은 듣기를 배로 하라는 것이다(『탈무드』)." "입은 마음의 문이니 입을 지키기를 단단히 하지 못하면 비밀이 누설된다(『채근담』)." "미련한 자의 입은 멸망의 문이 되고 입술은 영혼의 그물이 되느니라(『구약성서 잠언』)."

朱文公曰, 守口如瓶, 防意如城.

朱文公曰(주문공왈), 守口如瓶(수구여병)하고 防意如城(방의여성)하라.

Do keep your mouth as if closing a bottle with a stopper, never lose your intention as if keeping a castle.

- **瓶**: 병 병. 幷과 瓦를 결합한 형성문자. 花瓶
- **防**: 막을 방 • **意**: 뜻 의
- **城**: 성곽 성, 재 성. 土와 成이 결합한 형성문자
- **朱文公(주문공)**: 남송의 학자. 이름은 희(熹), 호는 회암.

2. 말을 조심하고 다른 사람을 속일 생각을 하지 말라

현제가 훈계를 내려 말하였다. "사람의 사사로운 말일지라도 하늘의 들으심은 우레와 같고, 어두운 방에서 마음을 속이더라도 귀신의 눈은 번개와 같다."[2]

---

2) 옛날 중국 후한 때의 일로 절개가 굳고 학식이 높은 양진(楊震)이라는 사람이 동래군 태수로 부임하게 되었다. 임지로 가는 도중에 창읍이란 현(縣)에서 하룻밤을 머물렀는데 밤이 되자 그곳 현령인 왕밀이 찾아와 양진에게 금덩이를 뇌물로 바쳤다. 양진이 한사코 거절하자 왕밀은 "한밤중이라 아는 자가 없소"라며 물러서지 않았다. 그러자 양진은 "하늘이 알고 귀신이 알고 내가 알고 자네가 아는데, 어찌 아는 자가 없다고 말하는가."라고 말하였다. 이것이 바로 '천지 지지 아지 자지(「天知, 하늘도 알고」「地知, 땅도 알고」「我知 나도 알고」「子知 너도 안다」)'라는 고사성어의 유래로 비밀은 있을 수 없고 더욱이 악행이라면 더욱 그러하다. 이 구절에서는 세상에 감출 수 있는 것은 아무것도 없으니 언행에 더욱더 신중 하라는 것이다.

玄帝垂訓曰, 人間私語, 天聽若雷, 暗室欺心, 神目如電.

玄帝垂訓曰(현제수훈왈), 人間私語(인간사어)라도 天聽(천청)은 若雷(약뢰)하고 暗室欺心(암실기심)이라도 神目(신목)은 如電(여전)이니라.

Heaven could hear the trivial words like a thunder, the ghost could see man's deceiving mind like a lightening flash.

- **聽**: 들을 청. 聽覺 視聽 • **雷**: 우뢰 뢰. 落雷 雨雷 雷雨
- **暗**: 어두울 암. 暗室 明暗 暗約 • **欺**: 속일 기
- **電**: 번개 전 • **間**: 사이 간 • **語**: 말씀 어

3. 남의 잘못을 말하지 말라

마원이 말하였다. "남의 잘못을 듣거든 마치 어버이의 이름을 들은 것처럼 하여, 귀로 듣더라도 입으로는 말하지 말라."[3]

馬援曰, 聞人之過失, 如聞父母之名, 耳可得聞, 口不可言也.

馬援曰(마원왈), 聞人之過失(문인지과실)이어든 如聞父母之名(여문부모지명)하여 耳可得聞(이가득문)이언정 口不可言也(구불가언야)니라.

When hearing of the wrongs of others, regard it as hearing the

3) 남의 잘잘못을 잘 가리는 사람도 자신의 결점이나 잘못은 쉽게 깨닫지 못한다. 설사 그것을 알더라도 남 앞에 솔직히 고백하기는 더욱 어렵다. 그러나 남의 결점이 타산지석이 되듯 자신의 결점 역시 전화위복이란 말처럼 훌륭한 교사가 될 수 있다. 톨스토이는 이렇게 말한다. "다른 사람의 결점이 눈에 띄는 것은 자기 자신을 잊어버렸을 때 생기는 현상이다."

names of your parents, Listen to, but never speak of.

- 馬援(마원, B.C. 11–A.D. 49): 후한(後漢)의 장군으로 자는 문연(文淵). 광무제(光武帝)에 의해 복파장군(伏波將軍)으로 임명되어 베트남과 흉노(匈奴) 토벌 등 많은 무공을 세웠고, 그 공으로 신식후(新息侯)에 봉해졌다.
- 可 : ~할 수 있다. 不可는 '옳지 않다, 할 수 없다, 하지 말라'의 뜻
- 援: 도울 원 • 聞: 들을 문

4. 항상 신중히 말하라

채백개가 말하였다. "기뻐하고 노여워하는 것은 마음속에 있고, 말은 입에서 나오는 것이니 신중하지 않으면 안 된다."

蔡伯喈曰, 喜怒在心, 言出於口, 不可不愼.

蔡伯喈曰(채백개왈), 喜怒(희로)는 在心(재심)하고 言出於口(언출어구)하니 不可不愼(불가불신)이니라.

Delight and anger come from your mind, but the words come from your mouth, for which, you must be very careful.

- 채백개(蔡伯喈): 후한(後漢)의 학자.
- 蔡: 거북 채 • 伯: 맏 백
- 喈: 새소리 개 • 愼: 삼가할 신
- 怒: 성낼 노. 大怒 • 恕: 용서할 서

5. 말이 이치에 맞지 않으면 하지 않느니 못하다

유회가 말하였다. "말이 이치에 맞지 않으면 차라리 말을 하지 않는 것이 낫다."[4]

劉會曰, 言不中理, 不如不言.

劉會曰(유회왈), 言不中理(언부중리)면 不如不言(불여불언)이니라.

If one speaks words which are not proper, it would be better to leave them unspoken.

• 중리(中理): 이치에 맞음 • 劉: 성 류, 묘금도 류 • 會: 모일 회

6. 이치에 맞는 말을 하라

한 마디 말이 이치에 맞지 않으면 많은 말을 해도 소용이 없다.

一言不中, 千語無用.

一言不中(일언부중)이면 千語無用(천어무용)이라.

If one bad word is spoken, a thousand worthy words would be not useful.

• 用: 쓸 용

---

4) 말을 잘한다는 것은 자기의견을 논리정연하게 표현하는 능력이다. 그러나 중요한 것은 그럴 듯하게 말을 잘 하느냐 보다 그 말이 얼마나 진실성이 있는가에 있다. 진실이 없는 말은 아무리 조리가 있어도 생명력이 없는 말이다.

7. 말은 화근을 불러들인다

군평이 말하였다. “입과 혀는 화와 근심을 불러들이는 문이고, 몸을 망치는 도끼와 같다.”[5]

君平曰, 口舌者, 禍患之門. 滅身之斧也.

君平曰(군평왈), 口舌者(구설자)는 禍患之門(화환지문)이요. 滅身之斧也(멸신지부야)이니라.

The mouth and the tongue are the gates of anger and worry, and they are like an ax which may ruin one's life.

• 滅: 꺼질 멸 • 斧: 도끼 부

5) 옛날에 어흠 대감과 김대감이 살고 있었는데, 두 사람은 하루도 안보고는 못살 정도로 사이가 좋았다고 한다. 하루는 김대감이 어흠 대감집에 놀러 갔는데 바깥주인은 없고 부인만 있었다. 그런데 날이 무더운 탓에 어흠 대감 부인이 웃옷을 들쳐 바람을 불어 넣는 모습을 언뜻 보게 되었다. 얼마 후 어흠 대감이 돌아오자 김대감은 은밀하게 물었다. “자네 부인 젖가슴에 꺼먼 사마귀 있지?” 어흠 대감은 거짓말이라고 펄쩍 뛰었다. 김대감이 돌아간 뒤 어흠 대감은 부인을 불러 웃통 벗은 일이 있느냐고 물었다. 부인이 없다고 말하자 어흠대감은 김대감을 혼내줘야겠다는 생각으로 만두 속에 똥을 넣어서 빚어 놓고는 김대감에게 먹으러 오라고 청했다. 먹음직스럽게 생긴 만두를 본 김대감은 입맛을 다시면서 만두를 하나 집어 우물거렸는데, 그 때 어흠 대감은 해야 할 말, 안 해야 할 말을 못 가리면 똥을 먹을 수도 있다는 말을 하였다고 한다.

8. 좋은 말은 천금과 같고 나쁜 말은 아픔이 따른다

사람을 이롭게 하는 말은 솜처럼 따뜻하고, 사람을 해치는 말은 가시처럼 날카로우니, 사람을 이롭게 하는 한마디 말은 그 중한 값이 천금이나 되고, 사람을 해치는 한마디 말은 칼로 베는 것 같이 아프다.[6]

利人之言, 煖如綿絮, 傷人之語, 利如荊棘, 一言半句, 重値千金. 一語傷人, 痛如刀割.

利人之言(이인지언)은 煖如綿絮(난여면서)하고 傷人之語(상인지어)는 利如荊棘(이여형극)하야 一言半句(일언반구)에 重値千金(중치천금)이요 一語傷人(일어상인)에 痛如刀割(통여도할)이니라.

The warmth of words beneficial to man is like cotton, while the sharpness of words which hurt man is like a thorn. Virtuous words spoken are as gold, and words which hurt others are as a stabbing knife.

- 利人之言(이인지언): 남에게 이롭게 하는 말
- 煖如綿絮(난여면서): 따뜻하기가 솜과 같음
- 一言利人(일언이인): 사람에게 이롭게 하는 한마디 말

---

6) 이스라엘의 장관 중에 시몬이라는 랍비 출신의 장관이 있다. 수많은 제자 중에 하인 토비도 그의 가르침을 받는 사람이었다. 어느 날 랍비 시몬은 토비에게 세상에서 제일 맛있는 것을 사오라고 시켰다. 그는 푸줏간에서 소 혓바닥을 사왔다. 랍비는 잘했다고 칭찬을 하고 이번에는 세상에서 제일 맛없는 것을 사오라고 했다. 이번에도 토비는 소 혓바닥을 사왔다. 의아한 표정으로 쳐다보는 주인에게 토비가 한 말이다. "혀가 맛있다고 느낄 때는 말할 나위 없이 맛있지만, 혀가 맛없다고 느끼면 그보다 맛없는 것도 없습니다. 아름다운 것을 사람들에게 이야기할 혀는 아주 훌륭하지만 욕하거나 남을 중상하고 모략할 때 혀는 아주 몹쓸 존재가 되지요."

• 重値千金(중치천금): 중하기가 천금과 같은 가치를 가지고 있음
• 綿: 솜 면 • 絮: 솜 서 • 荊: 가시 형
• 棘: 가시 극 • 値: 값 치 • 痛: 아플 통
• 割: 가를 할 • 煖: 따뜻할 난 • 割: 가를 할

9. 말을 조심해야 몸이 편안하고 안전하다

입은 사람을 다치게 하는 도끼와 같고, 말은 혀를 끊는 칼과 같으니, 입을 다물고 혀를 깊이 감추면 몸이 편안하고 어디를 가나 안전하다.[7]

口是傷人斧, 言是割舌刀, 閉口深藏舌, 安身處處牢.

口是傷人斧(구시상인부)요 言是割舌刀(언시할설도)니 閉口深藏舌(폐구심장설)하면 安身處處牢(안신처처뢰)니라.

If you would to be comfort and safe anywhere, be careful of your mouth and tongue, which something just like axe and knife.

• 傷: 상할 상 • 斧: 도끼 부 • 深: 깊을 심

7) 시몬의 아들도 랍비였는데 그 역시 제자들에게 말을 조심하도록 가르쳤다. 랍비는 제자들을 식사에 초대해 제자들에게 소 혓바닥 요리를 내놓았다. 잘 요리된 부드러운 혓바닥이 담긴 접시와 요리가 덜된 혓바닥이 담긴 접시가 있었다. 랍비는 제자들에게 입맛에 맞는 것을 골라 먹으라고 말했다. 제자들은 한결같이 부드러운 혓바닥 요리를 먹었다. 랍비는 그런 제자들을 보면서 말했다. "자네들은 모두 단단한 혓바닥은 먹지 않고 연하고 부드러운 것을 먹었네. 이와 같이 언제나 말을 할 때는 딱딱한 말을 하지 말고 부드럽고 다정한 말씨로 들어서 기분 좋은 말을 하게. 말은 곧 그 사람의 생각이다. 생각을 표현하는 말을 함부로 내뱉는 일은 없어야 할 것이다."

• 處: 살 처 • 牢: 굳을 뢰
• 藏: 감출 장. 草와 臧이 결합한 형성문자로 풀을 곳간에 감춘다는 뜻

10. 말을 삼가고 사람을 조심하라

사람을 만나거든 잠시만 말을 하고 자기가 가지고 있는 마지막 한 편의 마음까지 다 던져버리지 말라. 호랑이가 나타났다고 하는 세 사람의 입이 두려운 것이 아니라 두 마음을 품는 사람 마음이 두렵다.[8]

逢人且說三分話, 未可全抛一片心, 不怕虎生三箇口, 只恐人情兩樣心.

逢人且說三分話(봉인차설삼분화)하되 未可全抛一片心(미가전포일편심)이니 不怕虎生三箇口(불파호생삼개구)요 只恐人情兩樣心(지공인정양양심)이니라.

When you meet a person, talk with him just for a short while, and do not throw away an entire piece of your mind. You'd better to be careful of the man's duality than three deliverers.

• 전포(全抛): 전부 버림 양양심(兩樣心): 두 가지 마음
• 逢: 만날 봉 • 抛: 던질 포

8) 우리 속담에 열 길 물속은 알아도 한 길 사람 속은 모른다는 말이 있다. 이 구절에서는 사람 마음이 호랑이의 입보다 더 무섭다는 것이다. 사람의 감춰진 마음이란 그 어떤 것보다도 무서운 것일 수 있으므로 섣불리 사람을 판단하거나 말을 손쉽게 내뱉는다면 큰 낭패를 볼 수 있다는 것이다. 반면에 어눌하거나 표현이 익숙하지 않다고 사람을 폄하한다면 큰 그릇을 알아보지 못하는 낭패를 당할 수 있다.

• 怕: 두려울 파 • 個: 낱 개
• 恐: 두려울 공 • 様: 모양 양
• 懷: 품을 회. 가슴으로 품으므로 心이 들어감

11. 마음이 맞지 않는 사람과의 대화는 괴롭다.

술은 친한 사람을 만나면 천 잔도 적고, 말은 뜻이 맞지 않으면 한 마디도 많다.[9]

酒逢知己千鍾少. 話不投機一句多.

酒逢知己千鍾少(주봉지기천종소)요. 話不投機一句多(화불투기일구다)라.

The thousand glasses of drink could be felt lack with carefree friends, while a word too much with the uncommunicative.

• 知己(지기): 내 마음을 알아주는 친구. 知己之友
• 千鍾(천종): 천 잔 • 投機(투기): 뜻이 서로 통함
• 逢: 만날 봉 • 投: 던질 투 • 酒: 술 주
• 機: 틀 기, 기계 기. 木과 幾가 결합한 형성문자

9) 친구란 대개 비슷한 성향을 가지고 있기 때문에 그 사람을 알려면 그 친구를 보면 된다는 말이 있다. 설사 성향이 다른 사람들이 만나 친구가 된다고 하여도 오랜 시간을 함께 하면 서로에게 영향을 주고받아 서로 비슷하여 지게 된다. 서로에게 너무나 익숙하거나 세상을 보는 관점이 비슷하여 상세한 자기 심성이나 느낌을 말하지 않아도 금방 내 마음을 알아주는 친구가 있다. 그런 친구라면 밤새 술을 마셔도 할 말이 많고 함께 여행을 떠나도 마음이 편하지만 성향이 서로 다르면 아무리 설명해도 공통점을 찾지 못하게 된다.

12. 말을 적게 하는 친구를 가려 사귀면 후회가 없다

『경행록』에 이런 말이 있다. "말을 적게 하고 친구를 가려 사귀면 후회가 없고 근심과 모욕이 따르지 않는다."

景行錄云, 寡言擇交, 可以無悔吝, 可以免憂辱.

景行錄云(경행록운), 寡言擇交(과언택교)하면 可以無悔吝(가이무회린)이며 可以免憂辱(가이면우욕)이니라.

The proper words and moderate company could be free from repentance, anxiety, and indignity.

• 寡: 적을 과 • 擇: 가릴 택 • 逢: 만날 봉

13. 말 한 마디로 천 냥 빚을 갚는다

무소가 말하였다. "말 한 마디를 잘 하는 것이 천금을 가진 것보다 도움이 될 수 있고, 한 번 행동을 잘못하면 독사에게 물린 것보다 더 지독할 수 있다."

武蘇曰, 一言之益, 重於天金, 一行之虧, 毒如蛇蝎.

武蘇曰(무소왈), 一言之益(일언지익)이 重於天金(중어천금)하고 一行之虧(일행지휴)가 毒如蛇蝎(독여사갈)이니라.

The reasonable and suitable words could be worthier than abundant gold, Your harmful activity could be more bitter than the snake's bike.

- 蘇: 차조기 소 • 虧: 이지러질 휴
- 蛇: 뱀사 • 蝎: 나무좀 갈

14. 쓸데없는 말은 하지 말라

순자가 말하였다. "쓸데없는 말과 급하지 않은 일은 내버려두고 다스리지 말라."

荀子曰, 無用之辯, 不急之察, 棄而勿治.

荀子曰(순자왈), 無用之辯(무용지변)과 不急之察(불급지찰)은 棄而勿治(기이물치)하라.

Useless talk and non-urgent business could be laid aside.

- 辯: 말잘할 변 • 急: 급할 급
- 察: 살필 찰 • 棄: 버릴 기
- 荀子(순자): 전국시대 초나라 사람으로 성악설(性惡說)을 주장했다.

15. 취중에 말을 삼가고 재물에 공평해야 대장부다

술이 취했을 때 말을 많이 하지 않는 사람은 참다운 군자이고, 재물에 대해 분명한 사람은 대장부이다.[10]

---

10) 과음은 결코 좋지 않다. 건강을 해치는 것도 문제지만 더 나쁜 것은 공연히 말이 많아진다는 것이다. 술김에 내뱉은 말 한 마디가 남과 자신을 괴롭힐 수 있다. 취중의 공연한 허장성세와 책임 못질 약속, 가벼운 입놀림으로 사단(事端)

酒中不語, 眞君子, 財上分明, 大丈夫.

酒中不語(주중불어)는 眞君子(진군자)요 財上分明(재상분명)은 大丈夫(대장부)니라.

We could call a gentleman if he less speaking when drunken, and a manly man If exact and correct in money.

- 眞: 참 진 • 財: 재물(재화) 재
- 酒: 술 주 • 語: 말씀 어
- 君: 임금 군 • 丈: 어른 장, 길이 장
- 재상(財上): 재물에 대하여

을 만드는 경우가 왕왕 있으니 취할수록 몸가짐을 바로 하라는 옛말을 명심하여야 할 것이다.

▶ 말은 생각이나 느낌을 나타내거나 전달하기 위하여 사용하는 음성·문자·몸짓 등의 수단 또는 사회 관습적 체계로 언어는 인류를 다른 동물과 구별하여 주는 특징의 하나이다. 그래서 말은 사람의 생각을 목구멍을 통하여 조직적으로 나타내는 소리로 사람의 한평생에서 목숨을 지키는 데 필요한 공기와 음식을 빼놓고, 말만큼 중요한 것은 없다. 그리고 말만큼 삶과 밀착된 것도 없다. 사람은 낮에 깨어 있을 때 말을 할 뿐 아니라 밤에 잠을 자면서도 꿈을 꾼다. 말이 없는 개인생활이나 사회생활은 상상조차 할 수 없다. 그러나 입단속, 말조심은 사람들이 경계해야 할 행동으로 신중한 언행을 강조하는 데는 동서양이 따로 없다. 이와 관련된 속담과 격언으로 『구약성서 잠언』에서는 "미련한 자의 입은 멸망의 문이 되고 입술은 영혼의 그물이 되느니라."라고 하였다. 『채근담』에서는 "입은 마음의 문이니 입을 지키기를 단단히 하지 못하면 비밀이 누설된다."라고 하였고 『탈무드』에서는 "험담은 살인보다 위험하다. 살인은 한 사람만을 죽이지만 험담은 세 사람을 죽인다. 즉 험담을 퍼뜨리는 사람, 그 험한 말을 듣는 사람, 그리고 험담의 대상이 되는 사람"이라고 말했다. 또 처세론의 대가로 알려진 미국의 데일 카네기는 더 강력하게 "죽을 때까지 남의 원망을 듣고 싶은 사람은 남을 신랄하게 비판하는 짓을 일삼으면 된다."고 말하였다.

말을 잘한다는 것은 자기의견을 논리정연하게 표현할 줄 아는 능력이지만, 정작 중요한 것은 얼마나 그럴 듯하게 말을 하느냐 보다 그 말이 얼마나 진실한 가에 있다. 진실하지 않는 말은 아무리 조리가 있어도 생명력이 없는 법이다.

원활한 사회를 이루기 위해서는, 첫째로 오고가는 말이 분명하고 정확하며 생각을 틀림없이 전달해야 하고, 둘째로 점잖고 정다워 감정을 상하는 일이 없도록 해야 한다. 상냥한 미소와 함께 부드러운 말씨를 쓰는 일이 사회생활에 얼마나 중요한가는 새삼 말할 필요도 없다. '오는 말이 고와야 가는 말이 곱다'는 속담은 말씨의 중요성을 잘 나타낸 것이다.

'가루는 칠수록 고와지고 말은 할수록 거칠어진다.'거나 '쌀은 쏟고 주워도 말은 하고 못 줍는다'고 한 옛 사람들의 가르침을 다시 한번 마음 깊이 새겨 말 한마디 한마디를 신중히 가려서 하도록 해야 할 것이다. 말은 삼가며 적게 하는 것이 현명한 일이다. '말이 많으면 쓸 말이 적다'고 했는데, 서양에서도 "말이 많은 사람은 실수도 많다(He that talks much errs much.)"라고 했다.

『명심보감』「언어편」은 말을 잘 써야 서로 상처받지 않으므로 혀를 잘 다스려야한다는 것이다. 입은 타인을 상하게 하는 도끼라는 말처럼 말은 한번 뱉으면 다시 담을 수 없다.

말에는 영묘(靈妙)한 힘이 있다는 믿음이 오랜 옛날부터 이어져 왔다. 그 한 증거로 '말이 씨가 된다'는 속담이 전하는 것으로도 알 수 있다. 단어와 그것이 가리키는 대상을 동일시하여 '호랑이도 제 말 하면 온다'고 믿었다.

15. 교우편(交友篇) 13조

친구와 교제에 관한 신의 및 청년 교우의 모든 의리를 명시하고 있다.

1. 타인에게 관대하고 자신에게 엄격하라

『경행록』에 말하였다. "다른 사람을 꾸짖는 사람과는 온전하게 사귈 수 없고, 자기 자신을 용서하는 사람은 허물을 고치지 못한다."

景行錄云, 責人者, 不全交. 自恕者, 不改過.

景行錄云(경행록운), 責人者(책인자)는 不全交(불전교)요. 自恕者(자서자)는 不改過(불개과)니라.

Nobody could be in good terms with whom willing to blame others, and nobody could improve his defects, who willing to forgive himself easily.

- 錄: 기록할 록 • 恕: 용서할 서
- 過: 지날 과, 허물 과
- 責人者(책인자): 남을 잘 꾸짖는 사람
- 不全交(부전교): 사람을 온전히 사귀지 못함

2. 착한 사람과 함께하면 선하게 되고 악한 사람과 함께 하면 악하게 된다

공자가 말하였다. "착한 사람과 함께 있으면 마치 향기로운 지초(芝草)와 난초(蘭草)가 있는 방에 들어간 것과 같아서 오래 되면 그 향기를 맡을 수 없으리만큼 동화될 것이고, 악한 사람과 함께 있으면 마치 절인 생선가게에 들어간 것과 같아서 오래 되면 그 나쁜 냄새를 맡을 수 없으리만큼 동화되어 버리고 말 것이다. 그러므로 주사(朱砂)를 지니고 있는 자는 붉어지고, 옻(漆)을 간직하고 있는 자는 검어지게 되니 군자는 반드시 그와 함께 있을 자를 삼가 해야 한다."

子曰, 與善人居, 如入芝蘭之室, 久而不聞其香, 卽與之化矣. 與不善人居, 如入鮑魚之肆, 久而不聞其臭, 亦與之化矣. 丹之所藏者赤, 漆之所藏者黑, 是以君子, 必愼其所與處者焉.

子曰(자왈), 與善人居(여선인거)에 如入芝蘭之室(여입지란지실)하여 久而不聞其香(구이불문기향)하되 卽與之化矣(즉여지화의)요. 與不善人居(여불선인거)에 如入鮑魚之肆(여입포어지사)하야 久而不聞其臭(구이불문기취)하되 亦與之化矣(역여지화의)니 丹之所藏者(단지소장자)는 赤(적)하고 漆之所藏者(칠지소장자)는 黑(흑)이니 是以(시이)로 君子(군자)는 必愼其所與處者焉(필신기소여처자언)이니라.

The good people, like some fragrant flower, prevail his surroundings with fragrant atmosphere, but the bad people, like some rotten fish, prevail with powerful stink. A man with vermilion becomes red, A man with lacquer becomes black. Therefor gentleman should be careful with his acquaintances surrounded.

• 肆: 가게 사 • 漆: 옻 칠 • 愼: 삼갈 신 • 焉: 어조사 언
• 芝: 영지 지. 草와 之가 결합한 형성문자 • 蘭: 난초 난
• 臭: 냄새 취. 自는 코를 나타냄

3. 호학자는 가까이 하고 염학자는 멀리하라

『가어』에 말하였다. "학문을 좋아하는 사람과 함께 가면 마치 안개 속을 가는 것과 같아서 옷은 젖지 않고 간혹 물기가 배어들 뿐이고, 무식한 사람과 함께 가면 마치 화장실에 앉아 있는 것 같아서 옷은 더럽혀지지 않아도 종종 나쁜 냄새가 난다."[1]

家語云, 與好學人同行, 如霧中行, 雖不濕衣, 時時有潤, 與無識人同行, 如厠中坐, 雖不汚衣, 時時聞臭.

家語云(가어운), 與好學人同行(여호학인동행)이면 如霧中行(여무중행)하여 雖不濕衣(수불습의)라도 時時有潤(시시유윤)하고 與無識人同行(여무식인동행)이면 如厠中坐(여측중좌)하여 雖不汚衣(수불오의)라도 時時聞臭(시시문취)니라.

The acquaintance with the learned is something like walking through the fog, the clothes should not be wet, but just humid.

---

1) 『탈무드』에서 말하기를, 아내를 고를 때는 층계에서 한 발 내려서고 친구를 고를 때는 층계에서 한 발 올라서라고 했다. 사귈 만한 친구는 술 마시며 함께 시간을 보내는 친구보다 책과 가까이하며 지적 자극을 주는 친구다. 일찍이 공자는 유익한 벗과 해로운 벗에 관하여 '정직한 사람을 벗 삼고, 진실한 사람을 벗 삼고, 견문이 많은 사람을 벗으로 삼으면 유익하다. 그러나 형식만 차리는 사람, 대면할 때만 좋아하는 사람, 말재주만 있는 사람으로 벗을 삼으면 해롭다.' 고 하였다.

But that with the unlearned is something like in the toilet, the clothes should be soaked with bad smell, but not be dirty.

• 霧: 안개 무 • 濕: 젖을 습 • 識: 알 식 • 厠: 측간 측
• 汚: 더러울 오 • 露: 이슬 로. 雨와 路가 결합한 회의문자
• 臭: 냄새 취. • 潤: 윤택할 윤, 적실 윤

4. 훌륭한 교제는 상대방을 공경하는 것이다

공자가 말하였다. "안평중(晏平仲)은 남과의 교제를 훌륭하게 하였다. 일단 사귀면 오래도록 상대방을 공경하였다."[2]

子曰, 晏平仲, 善與人交. 久而敬之.

子曰(자왈), 晏平仲(안평중)은 善與人交(선여인교)로다. 久而敬之(구이경지)온여.

Yan Pingzhong is good at interacting with other people--even after long acquaintance he continues to treat them with respect.

• 晏: 늦을 안 • 仲: 버금 중 • 敬: 공경 경 • 仲: 버금 중

2) 오래 사귄 친구나 부부간이라면 다소 예의가 없더라도 괜찮다고 생각하는 사람이 많다. 그러나 가까운 사이일수록 세심한 배려와 존중하는 마음이 더욱 필요하다. 각별한 사이라고 여기는 만큼 서운함도 쉽게 느끼기 때문이다. 다른 사람이라면 아무런 문제도 되지 않을 일이 연인 사이에 싸움이 되는 것은 그만큼 서로에 대한 기대가 크기 때문이다. 격의 없다느니 막역하다느니 하는 것과 무례한 것은 다른 것이다. 평생을 소중하게 가꾸어 가야 할 만남으로 특별히 귀하고 오랜 인연일수록 서로를 존중하는 마음을 잃지 말아야 한다.

5. 아는 사람은 많아도 마음이 통하는 사람은 적다

서로 얼굴을 아는 사람은 세상에 가득하지만 마음을 아는 사람은 과연 몇이나 되겠는가?

相識滿天下, 知心能幾人.

相識(상식)이 滿天下(만천하)하되 知心能幾人(지심능기인)고.

There are a lot of people by face, but less of people by heart.

• 識 : 알 식 • 幾 : 몇 기

6. 넉넉할 때는 친구가 많으나 어려울 때 친구가 적다

술과 음식을 함께 먹을 사람은 천 명이나 되지만, 매우 위급하고 어려울 때 도와줄 친구는 하나도 없다.[3]

---

3) 어려운 일을 겪어보지 않고는 진실한 친구를 가려낼 수 없다고 말한다. 서글픈 말이기는 하지만 이것이 인지상정임을 누구도 부인할 수가 없다. 누구나 이 세상에서 친구가 제일 좋았던 시절이 있다. 틈만 나면 만나서 시간을 보내고 무엇이든 생기면 같이 나누던 그런 친구가 한두 사람은 있었을 것이다. 하지만 세상살이에 눈이 밝아지면서 친구는 점점 멀어지고 주변에는 오로지 이해관계로만 맺어지고 헤어지는 사람들만 남게 되었다. 어릴적 그 시절처럼 즐겁고 재미있는 시간을 다시 보낼 수 없는 것도 친구를 잃어버렸기 때문인지 모른다. 모든 친구가 멀어졌어도 한 사람의 친구가 남아 있는 사람이라면 행복하다고 말해도 괜찮을 것이다.

酒食兄弟, 千個有, 急難之朋, 一個無.

酒食兄弟(주식형제)는 千個有(천개유)로되 急難之朋(급난지붕)은 一個無(일개무)니라.

When everything is happy, there are lots of friends around, but when you are in a hectic crisis, there are only a few.

• 個: 낱 개 • 酒: 술 주

7. 의리 없는 친구는 사귀지 말라

열매를 맺지 않는 꽃은 심지 말고 의리 없는 친구는 사귀지 말라.[4]

不結子花, 休要種. 無義之朋, 不可交.

不結子花(불결자화)는 休要種(휴요종)이오. 無義之朋(무의지붕)은 不可交(불가교)니라.

The flower without seed should not be planted, and the friend without righteousness should not be acquainted with.

---

4) 남을 밟고서라도 올라서려고 하는 이기주의가 판을 치는 세대에 진정한 우정을 느낄 수 있는 일본소설로 어느 중학교 교실에서 선생님이 잘못을 저지른 학생을 가려내기 위해 몽둥이를 들고 범인을 찾고 있었다. 살벌한 분위기 속에서 다들 눈동자만 굴리고 있는데 한 학생이 벌떡 일어나 "제가 했습니다." "아닙니다. 제가 그랬습니다." 하나 둘 일어서기 시작하더니 마침내 그 교실에 있던 모든 학생들이 일어섰다. 화가 잔뜩 나 있던 선생님의 얼굴에 어느새 잔잔한 미소가 흐르면서 그것으로 모든 문제는 해결되었다. 선생님은 친구를 대신해 벌을 받을 자세가 되어 있는 아이들을 용서하노라고 말했다.

- 結子花(결자화): 열매를 맺는 꽃
- 結: 맺을 결 • 休: 쉴 휴
- 種: 심을 종 • 義: 옳을 의
- 朋: 벗 붕 • 花: 꽃 화

8. 군자는 의리를 중시하고 소인은 이익을 중시한다

장자가 말했다. "군자의 교제는 물처럼 담백하고, 소인의 교제는 단술처럼 달콤하다."[5]

莊子云, 君子之交, 淡如水, 小人之交, 甘若醴.

莊子云(장자운), 君子之交(군자지교)는 淡如水(담여수)하고 小人之交(소인지교)는 甘若醴(감약례)니라.

The gentlemen's good company is light, clean, and indifferent like water, but the average men's is sweet-flavored like sweet drink.

- 淡: 맑을 담 • 談: 말씀 담
- 啖: 삼킬 담 • 醴: 단술 례.

---

5) 군자의 사귐이 물처럼 담박하기만 한 것은 구태여 서로를 위하는 척하지 않아도 서로가 서로의 마음을 잘 알기 때문이다. 내가 기울인 정성만큼 상대로부터 받고 싶은 욕심을 버리기란 군자의 대범함이 아니고서는 쉬운 일이 아니다. 반면 소인들은 번지러하게 비위를 맞추고 알랑거려야 좋아하는 것으로 안다. 끊임없이 듣기 좋은 말을 해주고 마음의 표시라며 선물을 들고 오는 사람에게 자연스레 마음이 가는 것이다. 하지만 사람의 본심은 종당에는 드러나게 마련이다. 웃는 낯빛으로 살랑거린다고 처음부터 너무 마음을 뺏기지는 말아야 할 것이다. 속 깊은 이는 그리 쉽게 마음을 표현하지 않는 법이다.

9. 친구와 포도주는 오래될수록 좋다

길이 멀어야 말의 힘을 알고, 시간이 오래 지나야 인심을 알 수 있다.[6]

路遙知馬力, 日久見人心.

路遙知馬力(노요지마력)이요 日久見人心(일구견인심)이니라.

We could understand the horse's power by long driving, and also the man's nature by long-time acquaintance.

- 遙: 멀 요 • 謠: 읊을 요
- 路: 길 로. 足과 各이 결합한 회의문자로 여러 사람이 다니는 길

10. 남을 중히 여기면 남도 나를 중히 여긴다.

남이 나를 중히 여기게 하려면 내가 먼저 남을 중히 여기는 것보다 더 나은 것이 없다.[7]

---

6) '첫인상이 끝 인상'이라는 말이 있다. 첫눈에 느낌이 좋은 사람은 끝까지 좋은 인상으로 남는다는 말이다. 반면에 '사람은 겪어 봐야 안다'고도 한다. 처음 봤을 때의 느낌과 오랜 시간 함께 지내며 궂은 일 기쁜 일을 겪은 뒤의 느낌은 다르다는 이야기다. 사람에 따라 제각기 다른 경험을 가지고 있을테니 어느 쪽이 옳다고 말하기는 곤란하다. 어쨌거나 우리는 사람을 만나고 나면 첫인상이 좋으니 나쁘니 많은 말을 한다. 첫인상으로 앞으로의 관계를 점치기도 한다. 이왕이면 느낌이 좋고 신뢰가 가는 첫인상이 좋기는 하겠지만 첫인상으로 모든 것을 예단하는 어리석음은 저지르지 말아야 할 것이다. 사람에 따라서는 자기표현에 미숙해 시간이 한참이나 지나야 진면목을 알 수 있는 이도 더러 있는 법이다.

7) 친구 형제나 동료 등의 막연한 사이라 할지라도 내가 존중받고 싶으면 상대를 먼저 존중해야 한다.

若要人重我, 無過我重人.

若要人重我(약요인중아)인대 無過我重人(무과아중인)이니라.

If you would want to be a important person, you should regard others important first.

- 要: 구할 요, 중요 요 • 過: 지날 과, 허물 과

11. 대장부는 부자와 가난한 자를 가리지 않는다

소동파가 말하였다. "부자라고 해서 친하지 않고 가난하다고 해서 멀리하지 않는 바로 이런 사람이 인간 세상에서 대장부이고, 부자이면 나아가고 가난하면 물러가는 바로 이런 사람이 인간 세상에서 진실로 소인배이다."[8]

蘇東坡云, 富不親兮貧不疎, 此是人間大丈夫. 富則進兮貧則退, 此是人間眞小輩.

蘇東坡云(소동파운), 富不親兮貧不疎(부불친혜빈불소)는 此是人間大丈夫(차시인간대장부)요. 富則進兮貧則退(부즉진혜빈즉퇴)는 此是人間眞小輩(차시인간진소배)니라.

---

8) 물질이 다른 어떤 가치보다 우선시되고 인격의 고하가 돈으로 매겨지는 슬픈 세상이다. 심지어는 아이들까지 부모의 본을 받아 옷 잘 입고 잘생긴 친구와만 친하려 하고, 초라한 친구들을 가까이 하지 않는다고 한다. 염량세태(炎凉世態)라더니 이 구절의 말대로 우리 주위에는 '소인'들만 가득한 것 같다. 공자는 이렇게 말했다. "군자는 의에 깨닫고 소인은 이익에 깨닫느니라(君子喩於義小人喩於利)" (『논어』「이인(理人)」)

Gentleman never distinguishes the wealth and the poor in his acquaintance. But the average man does in the opposite way.

- 富不親(부불친): 부자라고 가까이 하지 않음
- 貧不疎(빈불소): 가난하다고 멀리하지 않음
- 小輩: 소인들의 무리 • 蘇: 깨어날 소
- 坡: 언덕 파 • 疎: 성길 소 • 丈: 어른 장
- 輩: 무리 배 • 進: 나아갈 진

12. 모든 일에 인정을 베풀어라

모든 일에 인정을 남겨두면 훗날 좋은 얼굴로 만나게 된다.[9]

凡事留人情, 後來好相見.

凡事(범사)에 留人情(유인정)이면 後來(후래)에 好相見(호상견)이니라.

Those who would be compassionate to others, should be meet with smiling face again.

- 호상견(好相見): 서로 좋은 얼굴로 보게 됨
- 留: 머무를 류. 停留場 • 情: 뜻 정

9) 사람이 혼자서는 살 수 없는 이상 남과 어울려 살려는 노력을 잊어서는 안 된다. 도시화와 산업화가 가속화 할수록 더 필요한 것은 사람들 사이를 맺어주는 정(情)이다. 남을 돕고 남을 따뜻하게 대하는 일이야말로 사람으로서 당연히 행해야 할 미덕임을 기억하자. 우리 속담에 '팔백금으로 집을 사고 천금으로 이웃을 산다.' 는 말이 있다.

13. 부질없는 비방에는 귀 기울이지 말라

내가 만약 다른 사람으로부터 욕을 먹더라도 귀 먹은 척하고, 옳고 그름을 따져 말하지 말라. 비유컨대 이는 불이 허공에서 타다가 끄지 않아도 저절로 꺼지는 것과 같다. 내 마음은 이 허공과 같은데 너희 입과 혀만 나불댈 뿐이다.

我若被人罵, 佯聾不分說. 譬如火燒空, 不救自然滅. 我心, 等虛空, 摠爾飜脣舌.

我若被人罵(아약피인매)라도 佯聾不分說(양롱불분설)하라. 譬如火燒空(비여화소공)하여 不救自然滅(불구자연멸)이라. 我心(아심)은 等虛空(등허공)이어늘 摠爾飜脣舌(총이번순설)이니라.

If you would be criticized by others, Do pretend being a deaf, and never distinguish the rights and wrongs. Only their mouth and toung try to say disdainfully and uselessly to the open sky.

- 譬 : 비유할 비
- 譬如(비여) : 비유컨대 -와 같다
- 火燒空(화소공) : 불이 공중에서 탐
- 不救自然滅(불구자연멸) : 끄지 않아도 저절로 꺼짐
- 飜脣舌(번순설) : 입술과 혀가 뒤척임
- 罵 : 꾸짖을 매 • 滅 : 꺼질 멸
- 爾 : 너 이 • 燒 : 불탈 소. 燃燒 燒却
- 飜 : 뒤집을 번. 飜譯 飜覆
- 被 : 입을 피. 衣와 皮가 결합한 형성문자
- 聾 : 귀먹을 롱.
- 脣 : 입술 순. 辰과 月(肉)이 결합한 형성문자

▶ 대나무 말을 타고 놀던 옛 친구라는 뜻으로, 어릴 때부터 가까이 지내며 자란 친구를 이르는 말인 '죽마고우(竹馬故友)'나 난초처럼 향기로운 사귐이라는 뜻으로, 친구끼리 좋은 영향을 주고받는 아름다운 교제를 뜻하는 말인 '지란지교(芝蘭之交)'. 또 서로 형 또는 아우라고 부를 만큼 가까운 친구 사이를 이르는 말인 '호형호제(呼兄呼弟)'나 관중과 포숙아의 사귐이라는 뜻으로, 친구 사이의 우정을 일컫는 말인 '관포지교(管鮑之交)' 등의 고사성어는 서로 영향을 주고받으면서 성장하는 친구사이의 관계를 언급한 것이다.

인연이란 화려하게 피었다 지는 꽃처럼 사람들은 세상을 살아가면서 끊임없이 만나고 헤어진다. 그 수많은 인연이 마냥 허무하지 않은 것은 때때로 마음을 나눌 수 있는 진정한 벗을 만날 수 있기 때문일 것이다. 미국의 사상가인 에머슨(Emerson Ralph Waldo, 1803-1882)은 "벗을 얻는 오직 한 가지 방법은 나 스스로가 남의 벗이 되는 것이다."라고 하였다. 지란지교라는 말처럼 인간은 본래 외부의 영향을 많이 받는 존재이다. 외부의 영향 가운데서도 중요한 것이 사람과의 만남으로 인한 학습 능력이다. 특히 젊은 시절은 세상을 보는 눈이 형성되는 시기이므로, 이 시기에 어떤 사람을 만나느냐에 따라 미래의 인생관이 크게 달라진다. 대개 서른이 넘으면 사람들은 자기 눈이 굳어져 다른 사람의 말을 받아들이기가 힘들지만 세상과 사람에 대한 호기심과 열정이 넘쳐흐르는 청년기에는 스펀지처럼 놀라운 흡수력을 발휘하게 된다.

그래서 성인(聖人)이 백성들에게 가르쳤다는 다섯 가지 인륜 가운데 하나도 교우사이의 신의에 관한 이야기였다(朋友有信). 친구는 집안을 벗어나서 가장 먼저 만나는 사람이다. 그래서 맹자는 자기 스스로를 바르게 하는 수신을 잘하고 또 집안에서 부모 섬기는 일을 잘해야, 친구에게서 신의를 얻을 수 있다고 말하였다. 나아가 친구에게서 신의를 얻을 수 있어야 윗사람에게 발탁되어 정치를 할 수 있게 된다고도 하였다. 이 모든 인간관계의 관건은 내 마음을 진실하게 하는 것이며, 그럴 때 혈연으로 맺어지지 않은 친구와의 교제가 원만하게 이루어지고, 이러한 우정이 사회에서의 인간관계를 발전시키는 초석이 된다. 또한 맹자에 의하면 누군가와 친구가 된다는 것은 그 사람의 덕을 친구 삼는 것이다. 오로지 덕뿐이다. 친구는 나이나 신분, 또는 가족을 비롯한 여러 배경이 개입해서는 성립할 수 없는 관계이다. 친구란 나와 덕이 필적하는 사람이다. 그래서 "한 고을의 선한 선비는 그 고을의 선한 선비를 벗으로 삼고, 한 나라의 선한 선비는 그 나라의 선한 선비를 친구로 삼으며 천하의 선한 선비는 천하의 선한 선비를 벗으로 삼는다."고 하였다. 천하의 선한 선비라면 최상의 선비일 것이다. 즉 자신의 마음을 가능한 진실하게 하는 사람이다. 그러므로 그러한 사람은 옛날의 선비와도 친구가 될 수 있다. 옛날의 선비가 남긴 시를 노래하고 그 책을 읽음으로써 그 덕과 인품을 알고 친구가 되는 것이다. 이것이 상우천고(尙友千古)이다.

맺음말

이상의 『명심보감』 본문 주요내용 가운데, 돋보이는 '천(天)'의 관념은 『명심보감』의 내용전체와 연결되는 것으로 여기에서는 천도의 강한 힘을 기본으로 「권선징악·인과응보」 사상이 인간의 비도덕적 행위를 경계하고 있다. 이러한 '천'은 인간의 도덕적인 규범의 근거, 혹은 개인에 대한 운명이 부여되어 있다.

『명심보감』의 천의 관념을 중심으로 한 선과 효와 예는 조선시대 이후 가정과 사회에서 교양교육의 기본교재로 널리 사용되고, 오랫동안 즐겨 읽혀지는 가운데 많은 사람들에게 영향을 미쳤다. 그러나 지금까지 시대의 흐름에 따라 『명심보감』이 포함하고 있는 특정 내용의 사상이 강조되기도 하며 그 대상이 특정 신분층 대상의 서적이라는 고정관념이 있었는데, 각 편의 내용과 핵심 사상의 고찰을 통해본 권선·위정·천리·지족안분 등의 내용에서 『명심보감』은 위정자·관리·서민의 구별 없이 각 신분층의 사람들이 해야 할 역할을 논한 인간생활의 기본이 되는 윤리·도덕의 서적이라는 것을 알 수 있다.

특히 가정에서의 부모와 자식간의 사랑과 형제간의 우애를 시작으로 친구간의 의리, 부부간의 화목을 존중하고 있다. 아울러 정치의 공정성을 논하고 사회적 약자와 아랫사람을 소중히 하며, 현실에 만족할 것을 논하고 있다. 『명심보감』의 사상 가운데는 수기치인을 목표로 하는 유교사상과 자연의 섭리에 순응하는 노장사상을 엿볼 수 있는데, 여기에서는 수기치인의 능력을 가지는 자에게는 착한 성품을 길러 천하에 바람직한 정치를 행할 것을 권장하고 있다. 한편으로는 그러한 능력이 없는 자는 각자 자신의 정도에 맞는 선행을 하여 강한 인내로 자신의 작은 행복을 찾고 구해야 한다는 지족안분을 논하고 있다. 후자는 인민이 정치·사회제도에 대해 그다지 불만 없이 선행을 하여 자신의 분에 만족하기 위하여 안빈낙도를 가져오는 것을 말하고 있는데, 『명심보감』 권선의 최종목적은 모든 인간이 「천」의 섭리를 기본으로 마음에 선한 성품을 배양하고 선행을 통해 서로 용서하고 존중하는 사회를 이룩함에 있다. 『명심보감』의 이러한 질서 있는 도덕관은 동양의 유학자·불자뿐만 아니라 서양의 기독교 선교사나 철학자 등에게도 넓게 읽혀졌다.

영문 요약

Oriental thought has lots of kinds, but mostly it can be divided into four kinds: Hinduism, Buddhism, Taoism and Confucianism. Hinduism originated in India, and it affects not only India but also East Asia. Buddhism was developed in India but it spread throughout all the Asian countries. Confucianism and Taoism originated in China and spread to Korea, Japan and East Asia. Those four kinds of thought are representative of Oriental thought. It kept alive in spite of influence of Western culture and recently it has drawn attention as alternative thought that helps the ills of Western material culture. These kinds of Oriental thought take a serious view of moral culture and respect a person who is kindhearted and virtuous. It is good way to understand Oriental thought by directly experiencing it and by understanding 'the morality' not just the intellectual approach. The morality was also the ultimate goal of Confucianism, Buddhism and Taoism.

Because Westerners think the wisdom is more important than the morality, it can also mean they think that wise persons are more important than benevolent persons. This kind of Western reliance on the logic and objectivity it helped the Industrial revolution to succeed with scientific technology and capitalism after modern times. Also, the democracy that they try hard to accomplish contributes to realizing freedom and equality. For this reason, the West became the center of worlds culture and all the countries were busy following and imitating it. However, Western culture has not only brilliant side, it also has lots of problems. For example, the class strife due to the gap between rich and poor, the extreme materialism in the process of industrialization, the two World Wars caused by extending Western imperialism. More recent problems are environmental pollution, depleting resources and nuclear weapons.

Also, Korea has similar problems that are the default of social responsibility and duties, the loss of ethic and morals, political corruption, the strife that is caused by the gap between rich and poor, the flood of egotism and collectivism and the neglected class of people. There is still no solution for those problems. However, the Oriental culture has thought of respect for man's dignity, which can be the solution for those problems. The basis of respect for man's dignity is following the provision of nature and living in agreement with nature. The typical book that describes the idea thatpeace and disaster depends on whether we follow the provision of nature or not is 『Myongsimbogam』

『Myongsimbogam』 is closely connected with Taoism and Confucianism, and it includes philosophy and political belief. For this reason, it was used by Seodang(書堂) that taught ordinary people and by scholars who took the Gwageo(科擧, the highest-level state examination to recruit ranking officials during the Goryeo and Joseon Dynasty) test. The 『Myongsimbogam』 was read by not only scholars, but also ordinary people to great effect in the Confucianism cultural area, such as China, Korea, Japan and Vietnam.

Furthermore, Western missionaries were impressed, so in 1592 it became the first Oriental publication translated into Spanish, German and French. It helped Western people to understand the thought of the Orient.

『Myongsimbogam』 originated with a publisher that solicited contributions for religious purposes in Fanrifun in 1393. It is a book which is made for suggesting virtue, and it is made up of about 20 books. The books have Confucian-based content that describes the thought of three religion unity, and also contains 『Kǒngzǐ, 孔子』, 『Mèngzǐ, 孟子』, 『zhōngyōng, 中庸』, 『Great Learning, 大學』, 『Zhuang-Zi, 莊子』, 『Zhū Xī, 朱子』 for talking about virtue that humans must have. The basic philosophy is : the ①「heaven(天)」 or reward of 「God」, ② unknowing satisfaction(知足安分), ③ political activities(爲政). The feature that is emphasized is on 「heaven(天)」 and 「God」 above all. In『Myongsimbogam』the concept of heaven and God has two components. The first one is the belief that heaven(天) is inherent in real life as reason(理, 道理), and second one is the belief that external personal existence is the same as ancient times of Chinese Confucianism. Specially, the heaven(天) of『Myongsimbogam』strongly requires people to do virtuous things by giving strict retribution.

This kind of『Myongsimbogam』spread to China, Chosun, Japan, Vietnam, Spain, France and Germany. The third countries of East Asia. Each accommodated『Myongsimbogam』in independent ways, and a lot of literature and Confucianist and Buddhist monks accomodated it. Thus,『Myongsimbogam』contains a variety of thoughts and it affects lots of fields such as philosophy, literature, thought and religion. The valuable lesson of『Myongsimbogam』is the widely proposed solutions to the recent problems such as keeping house, contributing to society and governing the nation.

We can achieve fulfillment by learning this book. Also we'll have the will to try to make life's journey a success by contributing to human history. For this reason, we can imagine the effect of『Myongsimbogam』by thinking of the process of how it spread to China, Korea, Japan and Western society. Therefore, the practical use for education and understanding of『Myongsimbogam』is to help humanity to find solutions for making a peaceful word. That's why we need to keep doing such an in-depth study of the book. Nowadays, many countries research『Myongsimbogam』, but the problem is most of countries are researching only their county, not other countries. In this case, we should keep research with international point of view.

Specifically, Korean scholars didn't mention the truths that the politicans of China, Korea and Japan pay attention to『Myong-simbogam』and that『Myongsimbogam』was the first Oriental publication that was translated in Western countries. Therefore, there is a need to make sure about accommodating the role of

『Myongsimbogam』in this research. By thinking of these facts, the writer can divide this publication into four parts. Firstly, researching effect of 『Myongsimbogam』after by explaining the process of how 『Myongsimbogam』 was spread to other countries.

Attempt to explain the ideaological importance of 『Myongsimbogam』, and its effect on local culture by looking at feature of distribution, specifically in China, Korea and Japan. Finally, this report tries to find solutions to how we can make a peaceful world in the 21st century by studying 『Myongsimbogam』 synthetically.

참고문헌

청주본 『명심보감』 판본(1454)

성백효 역주 『懸吐完譯明心寶鑑』(伝統文化研究會, 1992)

임동석 『명심보감』 상하 2권 (林東錫中國思想100, 동서문화사, 2010)

성해준 『동아시아 명심보감 연구』(도서출판 문, 2011)

성해준 『일본 명심보감의 전래와 수용 연구』(학고방, 2016)

李朝全 『明心寶鑑』(中國 花藝出版社, 2007)

崔在穆 『퇴계가 소년들에게 전하고 싶은 말들』(영남퇴계학 연구원, 2009)

일 타 『일타큰스님의 윤회와 인과응보 이야기』(효림, 1995)

부 록

속담

자식들에게 천금을 물려주는 것보다 기술 한 가지를 가르치는 게 낫다.
It's better to teach your children one skill than to inherit them a thousand pieces of gold

만족할 줄 알면 즐거울 것이다.
If you know how to be satisfied, you'll be happy

남의 허물을 듣거든 귀로 들을지언정 입으로 말하지 말라.
If you hear something bad about someone, don't say anything and just listen

군자는 남의 허물을 말하지 않는다.
A man of virtue does not talk about other people's faults

남의 선을 보고 나의 선을 찾고, 남의 악을 보고 나의 악을 찾는다.
By seeing someone else's good deeds, you can learn good deeds and by seeing someone else's bad behavior, you can learn bad behavior

선은 작아도 행하여야 하며, 악은 작아도 행하지 말아야 한다.
Even though it's trifle, you should perform good deeds and although trifle, you shouldn't perform bad things

엄한 부모 밑에서 효자난다.
Dutiful children come out under strict parents

효자가 효자를 낳으며, 불효자가 불효자를 낳는다.
A dutiful child comes from a dutiful person, and an indecent child comes from an indecent person

부모님께서 부르시거든 머뭇거리지 말고 즉시 답하라.
When your parents call for you, don't hesitate and answer quickly

집에서 손님을 대접할 줄 모르면, 밖에서 대접받지 못한다.
Not knowing how to treat someone at your home, you won't be able to be treated well outside

은혜를 베풀거든 보답을 구하지 말라.
If you have performed kindness, don't ask for repayment

괴로움은 즐거움의 모체이다.
The stem from happiness is hardships

대인은 정의를 중하게 여기기 때문에 죽고 사는 것에 연연하지 않는다.
A man of virtue considers righteousness importantly so they don't linger over whether they will live or die

마음에 잘못이 없으면 얼굴에 부끄러운 빛이 없다.
If you know you haven't done anything wrong in your heart, there isn't an embarrassed face

이유 없이 생긴 천금은 큰 복이 아니라, 재앙의 근원이다.
Thousand pieces of gold that comes out of nowhere is not a fortune, but the root of all misfortunes

즐거울 때 친구는 많으나, 위급할 때 친구는 드물다.
When everything is happy, there are lots of friends around, but when you're in a hectic crisis, there are only a few

밀실에 앉아 있어도 마치 네거리에 앉아 있는 것같이 하라.
Even when you're sitting in the chamber alone, act as if you were in a crossroad

원수를 만들지 말라, 좁은 길에서 만난다.
Don't make enemies, you'll meet them in a narrow street

한 마디 말로 사람을 이롭게 할 수도 있고, 해롭게 할 수도 있다.
With one word, you can make things advantageous or bad

성내는 것을 경계하라, 오직 자신을 해롭게 할 뿐이다.
Do not get mad, it'll only make things worse

작은 일이라도 하지 않으면 이룰 수 없다.
Even little things cannot be accomplished if you don't try

부유할 때 절약하지 않으면 가난해졌을 때 후회한다.
If you don't spare when you're rich, you'll deeply regret it when you get poor

모든 것이 사람의 마음속에 있다.
All things are inside of you

사람이 배우지 않으면 소와 말이 옷을 입은 것과 같다.
If one does not learn, it's the same as a cow or horse wearing clothes

사자성어

가렴주구(苛斂誅求): 세금 같은 것을 가혹하게 받고 국민을 못살게 구는 일.
각골난망(刻骨難忘): 은덕을 입은 고마움이 마음깊이 새겨져 잊지 아니함.
감언이설(甘言利說): 남의 비위에 맞도록 꾸민 달콤한 말과 이로운 조건을 붙여 꾀는 말.
갑론을박(甲論乙駁): 자기의 주장을 세우고 남의 주장을 반박함.
개과천선(改過遷善): 허물을 고치어 착하게 됨.

견강부회(牽强附會): 이치에도 닿지 않는 것을 억지로 끌어다 붙임.
견물생심(見物生心): 물건을 보고 욕심이 생김.
결자해지(結者解之): 자기가 저지른 일은 자기가 해결해야함.
결초보은(結草報恩): 죽어서라도 은혜를 갚음.
겸양지덕(謙讓之德): 겸손하고 사양하는 미덕.

경거망동(輕擧妄動): 경솔하고 망령된 행동.
경국지색(傾國之色): 뛰어나게 아름다운 미인을 일컫는 말.
고량진미(膏粱珍味): 맛있는 음식.
고진감래(苦盡甘來): 괴로움이 다하면 즐거움이 옴.
골육상쟁(骨肉相爭): 뼈와 살이 싸운다는 의미로 동족끼리 서로 싸움을 비유함.

과대망상(誇大妄想): 턱없이 과장하여 그것을 믿는 망령된 생각.
과여불급(過如不及): 지나친 것은 미치지 못함과 같음.
관포지교(管鮑之交): 우정이 깊은 사귐.
교언영색(巧言令色): 교묘한 말과 아첨하는 얼굴빛.
구곡간장(九曲肝腸): 굽이굽이 사무친 마음속.

구사일생(九死一生): 꼭 죽을 고비에서 살아남.
구상유취(口尙乳臭): 입에서 아직 젖내가 난다는 뜻으로, 언어와 행동이 매우 유치함을 일컬음.

구우일모(九牛一毛): 큰 물건 속에 있는 아주 작은 물건.

군계일학(群鷄一鶴): 많은 닭 가운데 한 마리의 학. 곧 많은 사람들 중의 뛰어난 인물.

군웅할거(群雄割據): 많은 영웅들이 각지에 자리 잡고 서로 세력을 다툼.

권모술수(權謀術數): 형편에 따라 변통성 있게 둘러대는 모략이나 수단.

권토중래(捲土重來): 한 번 패한 자가 힘을 돌이켜 전력을 다하여 다시 쳐들어옴.

금과옥조(金科玉條): 몹시 귀중한 법칙이나 규정.

금의야행(錦衣夜行): 비단옷을 입고 밤에 감. 아무 보람이 없는 행동.

금의환향(錦衣還鄕): 출세를 하여 고향에 돌아옴.

금지옥엽(金枝玉葉): 임금의 일가 자손을 소중히 여겨 일컫는 말.

기호지세(騎虎之勢): 중도에서 그만둘 수 없는 형세.

난형난제(難兄難弟): 형인지 아우인지 분간하기 어려움으로 실력이 비슷함을 일컫는 말.

남가일몽(南柯一夢): 한 때의 헛된 부귀.

내우외환(內憂外患): 나라 안팎의 근심 걱정.

내유외강(內柔外剛): 사실은 마음이 약한데도, 외부에는 강하게 나타남.

노심초사(勞心焦思): 애를 써 속을 태움.

녹음방초(綠陰芳草): 푸른 나무 그늘과 꽃다운 풀, 곧 여름의 아름다운 자연 경치.

다다익선(多多益善): 많으면 많을수록 좋음.

대기만성(大器晩成): 크게 될 인물은 오랜 공적을 쌓아 늦게 이루어짐.

동고동락(同苦同樂): 괴로움과 즐거움을 함께 함.

동문서답(東問西答): 묻는 말에 대하여 아주 딴판의 소리도 대답함.

동병상련(同病相憐): 처지가 서로 비슷한 사람끼리 동정함.

동분서주(東奔西走): 부산하게 이리저리 돌아다님.
동상이몽(同床異夢): 겉으로는 같이 행동하면서 속으로는 딴 생각을 함.

두문불출(杜門不出): 세상과 인연을 끊고 나가지 않음.
등하불명(燈下不明): 가까이 있는 것을 모름.
등화가친(燈火可親): 가을밤은 서늘하여 등을 가까이 두고 글 읽기에 좋다는 말.
마이동풍(馬耳東風): 남의 말을 귀담아 듣지 아니하고 지나쳐 흘려버림.
망경창파(萬頃蒼波): 한없이 너르고 너른 바다.

맹모삼천(孟母三遷): 맹자 어머니가 자식의 교육을 위해 세 번 이사함.
명경지수(明鏡止水): 고요하고 잔잔한 마음.
명약관화(明若觀火): 불을 보듯이 환함.
무릉도원(武陵桃源): 속세를 떠난 별천지.
무위도식(無爲徒食): 아무 하는 일 없이 먹기만 함.

문전성시(門前成市): 권세가의 문 앞이 방문객으로 몹시 붐빔.
문방사우(文房四友): 종이. 붓. 먹. 벼루의 네 문방구.
미풍양속(美風良俗): 아름답고 좋은 풍속.
발본색원(拔本塞源): 폐단이 되는 근원을 아주 뽑아 버림.
방약무인(傍若無人): 제 세상인 듯 함부로 날뜀.

배은망덕(背恩忘德): 은혜를 잊고 도리어 배반함.
백년대계(百年大計): 먼 뒷날까지 걸친 큰 계획.
백년해로(百年偕老): 부부가 화합하여 함께 늙도록 살아감.
백면서생(白面書生): 글만 읽고 세상일에 경험이 없는 사람.
백전백승(百戰百勝): 싸울 때마다 반드시 이김.

백절불굴(百折不屈): 백 번 꺾어도 굽히지 않음.
백중지세(伯仲之勢): 우열을 가리기 어려움.

백척간두(百尺竿頭): 위태롭고 어려운 지경에 이름.
부화뇌동(附和雷同): 주관이 없이 남들의 언행에 덩달아 쫓음.
분골쇄신(粉骨碎身): 뼈는 가루가 되고 몸은 산산조각이 됨. 곧 목숨을 걸고 최선을 다함.

불문가지(不問可知): 묻지 않아도 능히 알 수 있음.
불문곡직(不問曲直): 옳고 그르고를 묻지 않고 다짜고짜로.
불철주야(不撤晝夜): 밤낮을 가리지 않음.
불치하문(不恥下問): 아랫사람에게 묻기를 부끄러워하지 않음.
사고무친(四顧無親): 사방을 둘러보아도 친한 사람이 없음. 곧 의지할 사람이 없음.

사면초가(四面楚歌): 사방이 다 적에게 싸여 도움이 없이 고립됨.
사분오열(四分五裂): 여러 쪽으로 찢어짐 어지럽게 분열됨.
사통오달(四通五達): 길이나 교통망 통신망 등이 사방으로 막힘없이 통함.
사필귀정(事必歸正): 무슨 일이나 결국 옳은 이치대로 돌아감.
산자수명(山紫水明): 아름다운 경치.

산전수전(山戰水戰): 산과 물 전투를 다 겪음. 세상일에 경험이 많음.
산해진미(山海珍味): 산과 바다에서 나는 물건으로 만든 맛좋은 음식.
살신성인(殺身成仁): 목숨을 버려 어진 일을 이룸.
삼고초려(三顧草廬): 인재를 맞이하기 위해 참을성 있게 힘씀.
삼척동자(三尺童子): 키가 석자에 불과한 자그만 어린애. 곧 어린아이.

새옹지마(塞翁之馬): 세상일은 복이 될지 화가 될지 알 수 없음.
선경지명(先見之明): 앞일을 미리 내다보는 밝은 슬기.
선남선녀(善男善女): 보통사람.
설상가상(雪上加霜): 불행한 일이 거듭하여 겹침.
섬섬옥수(纖纖玉手): 가냘프고 고운 여자의 손.

아전인수(我田引水): 자기에게 이롭게 함. 제논에 물대기.
안빈낙도(安貧樂道): 구차한 중에도 편한 마음으로 도를 즐김.
안하무인(眼下無人): 눈 아래 사람이 없음. 곧 교만하여 사람을 업신여김.
암중모색(暗中摸索): 어둠속에서 손으로 더듬어 찾음.
약육강식(弱肉强食): 약한 자가 강한 자에게 먹힘.

양상군자(梁上君子): 도둑을 점잖게 일컫는 말.
어부지리(漁父之利): 둘이 다투는 통에 제 삼자가 이익을 봄.
언중유골(言中有骨): 예사로운 말 속에 심상치 않은 뜻이 있음.
연목구어(緣木求魚): 되지 않을 일을 무리하게 하려고 함.
오리무중(五里霧中): 도무지 종적을 알 수 없음.

오매불망(寤寐不忘): 늘 잊지 못함.
오비이락(烏飛梨落): 까마귀 날자 배 떨어진다. 일이 공교롭게 같이 일어나 남의 의심을 받게됨.
오월동주(吳越同舟): 서로 원수지간인 사람이 한자리에 있음.
온고지신(溫故知新): 옛 것을 익히어 새것을 앎.
와신상담(臥薪嘗膽): 원수를 갚고자 고생을 참고 견딤.

외유내강(外柔內剛): 겉으로 보기에는 부드러우나 속은 꿋꿋하고 강함.
요지부동(搖之不動): 흔들어도 꼼짝 않음.
용두사미(龍頭蛇尾): 시작이 좋고 나중은 나빠짐. 시작은 거창했지만 끝은 보잘 것 없게 됨.
우왕좌왕(右往左往): 사방으로 왔다 갔다 함.
우이독경(牛耳讀經): 아무리 말해도 소용없음.

위기일발(危機一髮): 거의 여유가 없는 위급한 순간.
유구무언(有口無言): 입은 있으나 말이 없다는 뜻으로 변명을 못함을 이름.
유명무실(有名無實): 이름뿐이고 실상은 없음.

유유상종(類有相從): 끼리끼리 사귐.
읍참마속(泣斬馬謖): 법의 공정을 지키기 위해 사사로운 정을 버림.

이실직고(以實直告): 참으로써 바로고함.
이심전심(以心傳心): 말을 하지 않더라도 서로 마음이 통하여 앎.
이열치열(以熱治熱): 열로서 열을 다스림.
이율배반(二律背反): 꼭 같은 근거를 가지고 정당하다고 주장되는 서로 모순되는 두 명제 혹은 그 관계를 말함.
인지상정(人之常情): 사람이 누구나 가지는 보통의 인정.

일거양득(一擧兩得): 한 가지 일을 하여 두 가지의 이득을 봄. =一石二鳥
일도양단(一刀兩斷): 한칼로 쳐서 둘을 냄. 머뭇거리지 않고 일이나 행동을 선뜻 결정함의 비유.
일망타진(一網打盡): 한번 그물을 쳐서 다 잡아들임.
일목요연(一目瞭然): 첫눈에도 똑똑하게 알 수 있음.
일사천리(一瀉千里): 조금도 거침없이 빨리 진행됨.

일언지하(一言之下): 말한 마디로 끊음. 한마디로 딱 잘라 말함.
일장춘몽(一場春夢): 한바탕 허무한 봄 꿈.
일촉즉발(一觸卽發): 조금만 닿아도 곧 폭발할 것 같은 위험한 지경.
일취월장(日就月將): 날로 발전하여 나아감.
일편단심(一片丹心): 오로지 한 곬으로 향한, 한 조각의 붉은 마음.

일필휘지(一筆揮之): 한숨에 글씨나 그림을 죽 쓰거나 그림.
일확천금(一攫千金): 힘 안 들이고 한꺼번에 많은 재물을 얻음.
임기응변(臨機應變): 일의 형편에 따라서 변통성 있게 처리함.
임전무퇴(臨戰無退): 싸움에 임하여 물러섬이 없음.
자가당착(自家撞着): 앞뒤가 서로 어그러져 모순됨.

자승자박(自繩自縛): 자기의 말이나 행동으로 자기가 옭혀 들어가 묶임.

자포자기(自暴自棄): 스스로 자신을 학대하고 돌보지 아니함.
자화자찬(自畵自讚): 자기가 그린그림을 칭찬한다는 말로 자신의 행위를 칭찬함.
작심삼일(作心三日): 한번 결심한 것이 사흘을 가지 않음. 곧 결심이 굳지 못함.
장삼이사(張三李四): 평범한 인물들.

적반하장(賊反荷杖): 잘못한 자가 도리어 뻔뻔하게 나오는 것.
전대미문(前代未聞): 지금까지 들어본 일이 없는 새로운 일을 이르는 말.
전무후무(前無後無): 전에도 앞으로도 없음.
전화위복(轉禍爲福): 화가 바뀌어 복이 됨.
절치부심(切齒腐心): 몹시 분하여 이를 갈면서 속을 썩임.

조강지처(糟糠之妻): 가난할 때부터 어려움을 같이한 아내.
조령모개(朝令暮改): 무슨 일을 자주 변경함.
조족지혈(鳥足之血): 새 발의 피라는 뜻으로 물건의 적음을 나타내는 말.
주객전도(主客顚倒): 입장이 서로 뒤바뀜.
주경야독(晝耕夜讀): 낮에는 일하고 밤에는 공부함.

주마간산(走馬看山): 바빠서 자세히 보지 못하고 지나침.
주지육림(酒池肉林): 호사스럽고 방탕한 술자리.
죽마고우(竹馬故友): 어렸을 때부터 친하게 사귄 벗.
중과부적(衆寡不敵): 적은 사람으로는 많은 사람을 이기지 못함.
중구난방(衆口難防): 여러 사람의 말을 막기 어려움.

지성감천(至誠感天): 지극한 정성에 하늘이 감동함.
진퇴양난(進退兩難): 나아 갈수도 물러설 수도 없는 궁지에 빠짐.
진퇴유곡(進退維谷): 오지도 가지도 못할 궁지에 빠짐.
천고마비(天高馬肥): 하늘은 높고 말은 살찐다. 가을을 말함.
천려일실(千慮一失): 지혜로운 사람도 많은 생각가운데는 미처 생각하지 못하는 것이 있음.

천방지축(天方地軸): 함부로 덤벙거림.

천인공노(天人共怒): 하늘과 땅이 함께 분노한다는 뜻. 도저히 용서 못함을 비유.

천재일우(千載一遇): 다시 얻기 어려운 좋은 기회.

청천벽력(靑天霹靂): 생각지 않은 일.

청출어람(靑出於藍): 제자가 스승보다 나음.

초지일관(初志一貫): 처음 품은 뜻을 한결같이 꿰뚫음.

촌철살인(寸鐵殺人): 짧은 말로 어떤 일의 급소를 찔러 사람을 크게 감동시킴.

칠거지악(七去之惡): 아내를 내쫓을 7가지 조건으로 시부모에 불순하고 아들을 못 낳으며 행실이 나쁘고 질투하며, 나쁜 질병에 걸려 있고, 말이 많으며 도둑질을 하는 것.

칠전팔기(七顚八起): 여러 번의 실패에도 굽히지 아니하고 다시 일어남.

침소봉대(針小棒大): 과장해서 말함.

타산지석(他山之石): 남의 허물에서도 배울 것이 있다는 뜻.

탁상공론(卓上空論): 실현성이 희박한 공상론.

탐관오리(貪官汚吏): 탐욕이 많고 마음이 깨끗하지 못한 관리.

태산북두(泰山北斗): 남에게 존경을 받는 뛰어난 존재.

토사구팽 (兎死狗烹): 쓸모 있을 때는 긴요하게 쓰다가 쓸모가 없어지면 버려짐.

파사현정(破邪顯正): 사특한 것을 버리고 바름을 드러냄.

파죽지세(破竹之勢): 세력이 강하여 막을 수 없는 모양.

표리부동(表裏不同): 겉과 속이 다름.

풍전등화(風前燈火): 바람 앞의 등불처럼 운명이 위태로움.

학수고대(鶴首苦待): 몹시 기다림.

한단지몽(邯鄲之夢): 사람의 일생에 '부귀란 헛되고 덧없다'는 뜻. 한단에서 여옹이 낮잠을 자면서 꾼 꿈에서 유래.

허심탄회(虛心坦懷): 마음속에 아무런 사심 없이 품은 생각을 터놓고 말함.

허장성세(虛張聲勢): 허세를 부림.

현모양처(賢母良妻): 어진 어머니 이면서 또한 착한 아내.

형설지공(螢雪之功): 애써 공부한 보람.

호구지책(糊口之策): 가난한 살림에서 겨우 먹고 살아가는 방책.

호사다마(好事多魔): 좋은 일에는 흔히 장애물이 들기 쉬움.

호시탐탐(虎視眈眈): 범이 먹이를 노려봄. 기회를 노려보고 있는 모양.

호연지기(浩然之氣): 도의에 근거를 두고 굽히지 않으며 흔들리지 않는 넓은 마음.

호형호제(呼兄呼弟): 서로 형, 아우라 부를 정도로 가까운 친구사이.

혹세무민(惑世誣民): 세상을 어지럽히고 백성을 속이는 것.

화룡점정(畵龍點睛): 사물의 가장 요긴한 곳, 또는 무슨 일을 함에 가장 긴한 부분을 끝내어 완성시킴.

환골탈태(換骨奪胎): 남의 글의 뜻을 본뜨되 그 형식을 달리하여 자기 작품처럼 꾸밈.

회자인구(膾炙人口): 널리 사람들에게 알려져 입에 오르내리고 찬양을 받음.

회자정리(會者定離): 만나면 반드시 헤어지게 마련임.

횡설수설(橫說竪說): 조리가 없이 함부로 지껄임.

성해준(成海俊)

현재 동명대학교 학부교양대학 교수(sunghj@tu.ac.kr)
동아시아 일본학회 회장 역임

일본 시즈오카(靜岡, 국립) 대학 인문학부 졸업
일본 도호쿠(東北, 국립) 대학 대학원 문학연구과 석·박사과정졸업
(동아시아사상사 전공, 문학박사)
일본 도호쿠대학 대학원 문학연구과 객원연구원
일본 큐수대학 대학원 문학연구과 방문연구원 등을 역임하였다.

지은 책으로는 『동아시아 유교문화의 새로운 지향』(공저 2004, 2005년 대한민국 학술원 기초연구 우수학술도서), 『동아시아 명심보감 연구』(2011, 2012년 대한민국 학술원 우수학술도서), 『일본 명심보감의 전래와 수용 연구』(2016) 등이 있다.

옮긴 책으로는 『근대일본의 조선인식』(2005), 『일본사상사』(공역 2010), 『일본 열도의 사생관』(2011), 『신국일본』(2014), 『사람을 신으로 섬기는 신앙』(공역, 2015), 『영혼결혼』(2018) 등이 있다.

논문으로는 「일본 속의 한국문화」(2006), 「일본 사생관에 담긴 죽음 의식의 특징」(2011), 「퇴계의 성학십도와 일본과의 관계」(2012), 「동양사상에서의 통치자와 피통치자와의 관계」(2013), 「이상정치의 전제, 유가사상에 나타난 군자」(2015), 「퇴계의 인애관에 담긴 평화사상」(2015) 등 다수가 있다.

생활 명심보감(明心寶鑑)

A Study of Life Myoungsimbogam

1판 1쇄 _ 2019년 8월 20일
1판 2쇄 _ 2023년 2월 10일

저　　자 • 성 해 준
발 행 인 • 정 현 걸
발　　행 • 신 아 사
인　　쇄 • 대명프린팅
주　　소 • 서울시 은평구 통일로 59길 4(2F)
전　　화 • 02)382-6411 · 팩스 02)382-6401
홈페이지 • www.shinasa.co.kr
E-MAIL • shinasa@daum.net
출판등록 • 1956년 1월 5일 (제9-52호)

ISBN 978-89-8396-351-2(93820)

정가 14,000원